# ゴルフは「第2の正面」でもっと飛ぶ！

JN136292

PGAティーチングプロA級
エイミンゴルフアカデミー主宰
上田栄民《えいみん》

青春新書
PLAYBOOKS

# はじめに——スイングの誤解を解けば、ゴルフは飛躍的に上達する！

みなさん、ゴルフレッスンで「第2の正面」や「クラブローテーション」という言葉を聞いたことがありますでしょうか？　特に「第2の正面」は、ほとんどのアマチュアゴルファーは考えたこともないと思います。そもそも正面が2つもあるなんて意識したらスイングが混乱してしまう……そんな声も聞こえてきそうですね。

でも、よく考えてみてください。ゴルフスイングは客観的にみると、スイング軸（以下、軸）を中心とした円運動でできているので、円の中心に近い体が作る内円と、ヘッドが作る外円とでは、移動距離が大きく違うために、動きに時間差が生まれます。ダウンスイングではヘッドは体の回転に対して遅れて球に向かっていきますから、その遅れを調整する時間が必要です。その調整作業がない人のスイングは、体が突っ込んでアウトサイドインのヘッド軌道になって、スライスや引っかけが出やすくなります。

その時間差の調整をする場所、それこそが「第2の正面」であり、その調整に欠かせないのが「クラブローテーション」なのです。

私はこれまで2万人以上の方々にレッスンをしてきましたが、その経験から、多くのゴルファーがこの「第2の正面」と「クラブローテーション」を理解していないと感じています。

ゴルフスイングに関してたくさんの情報があふれている時代ですから、これら2つの要素についても、違う言葉で発信されてはいました。しかし、それらの情報をどのように読み取り、どのような理解で脳にインプットするかは、人によって大きな差があります。伝える側が意図したニュアンスと、アマチュアの方が受け取った理解にはズレが出てくる。そんなジレンマをレッスンの現場でよく感じていました。それもあって、「第2の正面」や「クラブローテーション」という、私たちプロが当たり前のように取り入れている技術が、アマチュアのみなさんに正しく伝わってこなかったのだと私は思っています。

その解決のために、私は「ＪＩＫＵ－ＫＮＯＢ（ジクノブ）」という３６０度全方向からスイングを確認できるデバイスツールを開発し、２０１９年のＰＧＡティーチングプロアワードで発表しました。

おかげさまで最優秀賞をいただいたのですが、そのツールのコンセプトは「誤解を生まスイング軸体感デバイス「JIKU-KNOB(ジクノブ)」

2019 PGA(日本プロゴルフ協会)ティーチングアワードにおいて最優秀賞を受賞。上部のつまみを回すことで、私のアニメーションがスイングし、そのスピードも調整できる。

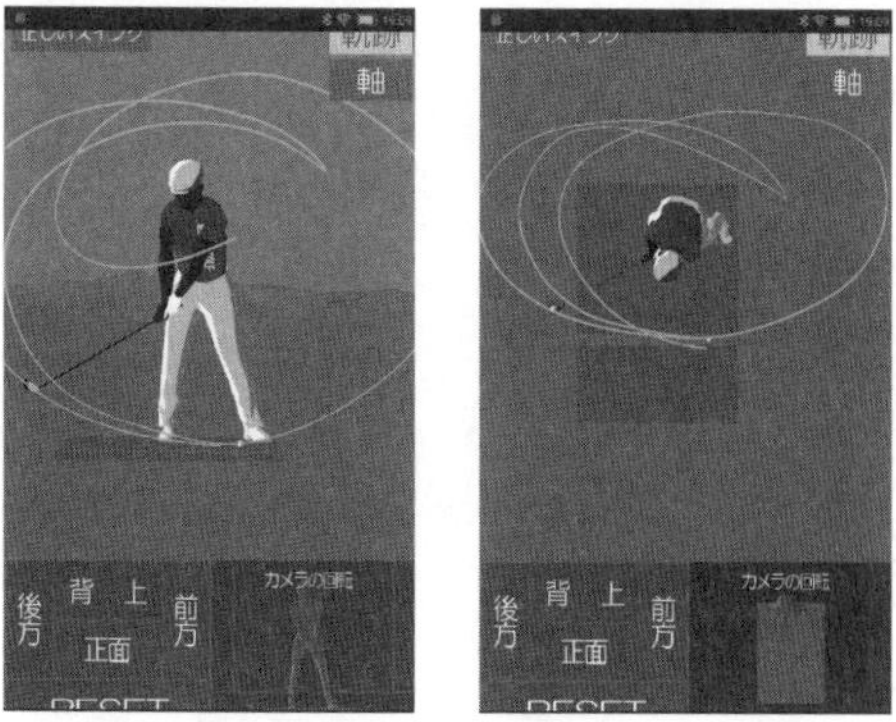


タッチ1つで正面、前方、後方、背、上、下からのアングルに切り替えられ、360度全方向から正しいスイング軌道と体の動きを確認できる。

ないレッスン」です。平面ではなく、３次元で好きな角度からスイングを見ることができるＪＩＫＵ－ＫＮＯＢでレッスンを受けると、飛球線、クラブ、体の３者が、どのように影響し合ってスイングを形づくっているのかが理解でき、誤解のないスイング形成が可能になります。

これによって、レッスンで出てくる言葉の誤解がなくなり、プロが伝えようとした動きや角度、ニュアンスなどが正確にアマチュアのみなさんにも伝わるようになると考えています。

なかでも、「第２の正面」と「クラブローテーション」については、立体的な視野を持ってスイングイメージを作り上げる必要があります。ですので、この本ではＪＩＫＵ－ＫＮＯＢを取り入れた私のレッスン動画を、本書にＱＲコードでリンクしました。

いままでの私の経験から、この２つの要素を理解したことで、飛躍的に上達し、無理なく飛距離を伸ばしたアマチュアゴルファーを数多く見てきたからです。さらに、この２つの要素はスイングの核心であり、多くの大切な基本と折り重なってスイングを形成しています。

　そこで本書では、この2つの要素を中心に、誰もが正しい動きを誤解なく受け取り、体の動きとしても再現できるような「言葉」を選んで執筆しました。

　まずは、本書に書かれている「言葉の通り」に受け取って、実践してみてください。もしそこに違和感や疑問が生まれてきたら、それはゴルフ上達のチャンスです。言葉の違和感を放置せず、なぜ自分はそこに違和感があるのか？　を探ってみると、思い込みによって気づけなかったスイングの誤解を発見、修正することができるはずです。

　本書は、新たな技術が身につくだけでなく、いままで疑問に感じていたいくつもの課題を同時に解決できるようにもなっています。

　みなさんのこれからのゴルフライフが一層豊かになることを祈っています。お役に立てますように。

※本書で紹介するノウハウの一部は、動画でも解説しています。本文の見出しの下に **動画** とある項目は、お手持ちのスマートフォンなどで下記のＱＲコードを読み取っていただくと、該当する動画サイトに移ります。本書の内容の理解を深めるうえで、ぜひご活用ください。

※青春出版社の公式サイト（www.seishun.co.jp）のトップページ左下にある「動画」からも見られます。

# ゴルフは「第2の正面」でもっと飛ぶ！——目次

序章

# 「クラブローテーション」と「第2の正面」がスイングのカギ

◇2万人のアマチュアゴルファーを見てきた実証！

第2章

# 「腕の動き」を知るだけで、球のつかまり方が変わる

◇意識するのはインパクト～フォローの「フェース面」！

## 第3章 「第2の正面」で、いまだかつてない飛びが実現

第4章

# 飛んで方向性を失わない「効率のいいスイング」のコツ

◇再現性の高いスイングを最短距離で身につける！

カバー&本文写真／富士渓和春
イラスト／野村タケオ
企画協力／イー・プランニング
ＤＴＰ／エヌケイクルー

# 序章

◇2万人のアマチュアゴルファーを見てきた実証!

# 「クラブローテーション」と「第2の正面」がスイングのカギ

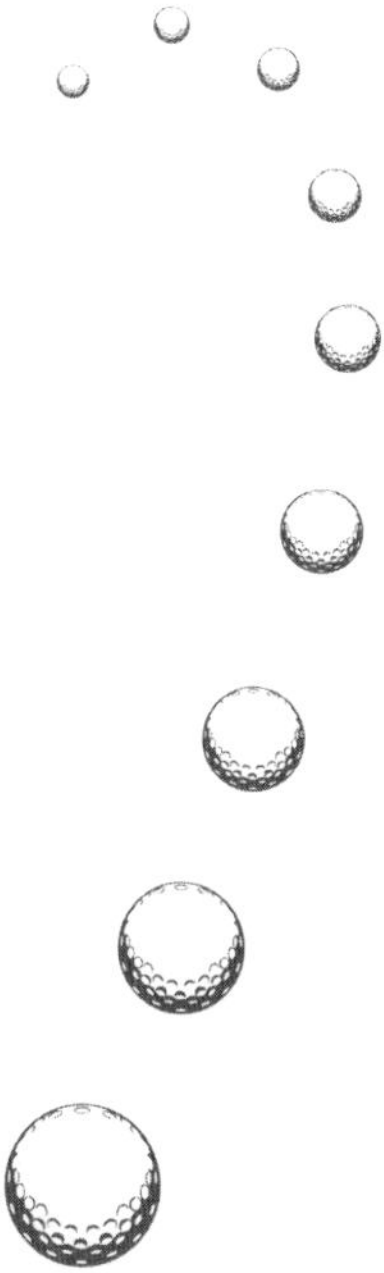

## ▼クラブの振り方の正解は1つしかない……?

「あなたにとって、理想のスイングとはなんですか?」

私はこの質問を、いままでレッスンをしてきた2万人以上のアマチュアゴルファーの方々にしてきました。そして、その8割以上の方が口をそろえて、

**「飛んで曲がらない球が打てるスイング」**

と回答しました。たいていのゴルファーが「飛んで曲がらないスイング」を目指していることが、このことからもよくわかります。

では、アマチュアゴルファーが求める「球が飛んで曲がらないスイング」とは、いったいどのようなものなのでしょう?

その答えを求めてこの本を手に取っていただいたみなさんに、まずは最初にお伝えしておきたいことがあります。それは、

## 「クラブの振り方の正解は1つしかない」

ということです。

プロゴルファーもアマチュアのみなさんも、同じ形状のクラブを使っています。プロ仕様とアマチュア用では若干の違いはありますが、プロ用でもアマ用でもグリップの延長にシャフトがあり、その先端にヘッドがついたクラブを使っている、という点ではまったく違いはありません。

であるならば、飛んで曲がらない理想的なクラブの動きも、必然的に同じになるはずです。

例えば、アイアンでは先端に重さがあるヘッドの形状を生かしてヘッドを加速させることができます。また、ウッドでは深い重心を利用して低く長いインパクトゾーンを作ることができます。

そんなクラブの形やシャフトの特性を生かした動きは、人の筋力が作り出すというよりはむしろ、クラブに上手に力を伝えることで、クラブそのものが作り出しているといえるのです。

重さや長さ、硬さなどに差はあっても、形状が同じものであれば、その慣性《かんせい》によって作り出される力の仕組みもまた同じはずです。このことから、大きな視点でスイングをとらえた時に、「クラブの振り方の正解は1つしかない」といえるのです。

ただし、クラブを振る人の年齢や体力、体形はさまざまですし、体の使い方の表現や感覚も人それぞれ異なります。

私たちプロがレッスンをする中で、同じ問題点を指摘する時であっても、この人は下半身を意識したほうが正しい動きになりやすいとか、この人は前腕の意識を変えたほうがよくなるとか、人によりアドバイスする箇所や表現の仕方に違いが出てきます。

そのため、正解が1つしかない振り方であっても、プロによっていろいろなアドバイスがあるように見えるだけなのです。

## ▼「真っすぐ当てる」をやめてみよう

この「１つしかない」振り方が理解できれば、ゴルフクラブが本来持っている性能を最大限に引き出すことができます。そして、それができると、自然に**つかまりのいい、力強い球が打てるようになる**のです。

というのも、現在一般に販売されているゴルフクラブの多くは、球が楽につかまることで、ドロー回転の力強い球が打てるように設計されているからです。つまり、普通に打てばつかまりのいい球になる、ということです。

そんなクラブの特徴を生かし切れない人の**もっとも多い勘違いが、「真っすぐ当てる」インパクトを強く意識してスイングしていること**です。

「えっ、真っすぐ当てるのが、なぜいけないの？」

と思われるかもしれませんが、それでは、クラブの慣性を殺すばかりでなく、多くの場合、スライスや引っかけを生む結果につながってしまうのです。

考えてみてください。アマチュアの平均的なドライバーのヘッドスピードを秒速40mとします。これは時速に換算すると144kmのスピードで振っているのと同じです。そのスピードでスイングしているヘッドのフェース面を、インパクトの一瞬に「真っすぐ」コントロールして当てることができるでしょうか?

高速で動いているものの軌道や方向を、瞬時にコントロールして変えるなどというのは、プロであっても不可能に近いことです。にもかかわらず、多くの人は無意識にそれをやろうとしてしまっています。

あるいは、インパクトで真っすぐ当てるために、フェース面の向きをトップの位置からキープし続けようとする人も多くいます。これでは飛ばしに不可欠なヘッドスピードは上がりません。

そもそもクラブは、**シャフトやヘッドそのものが「回転する」力によって加速するように作られています**。その回転を理解することで、球を正確に、より遠くへ飛ばすことができるようになるのですが、真っすぐ当てるという意識が強いと、その回転力が削《そ》がれてしまうのです。

## 図1　「真っすぐ」当てようとするから飛ばない

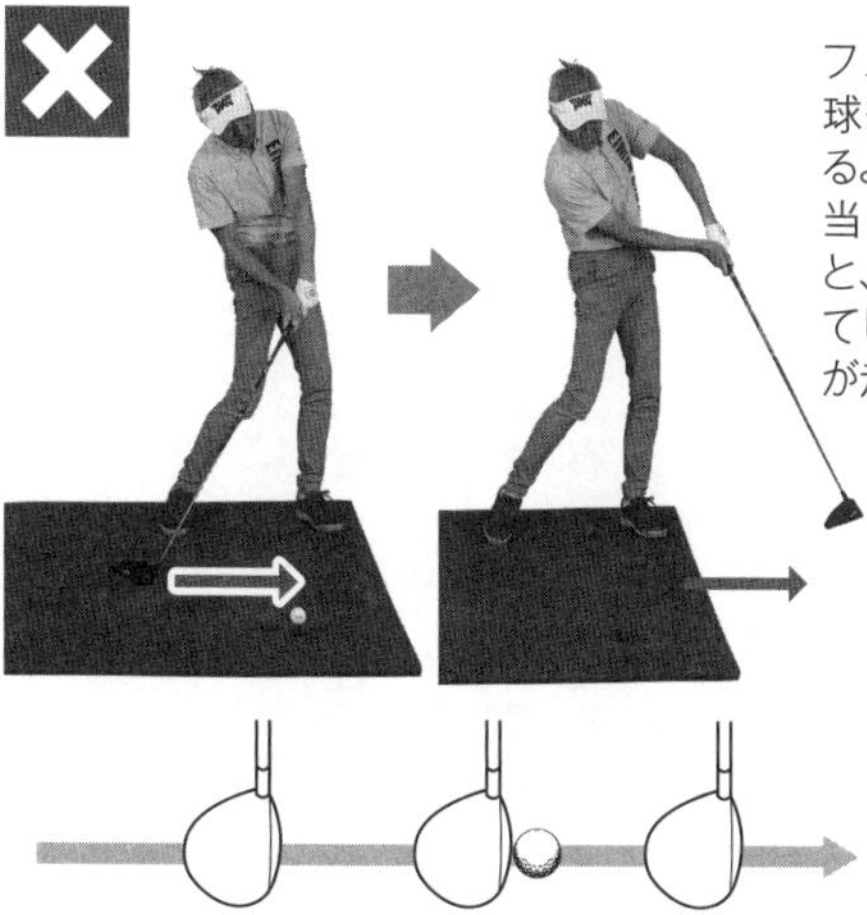

フェース面を飛球線に直角になるようにして球に当てようとすると、腕が固まってしまってヘッドが走らない。

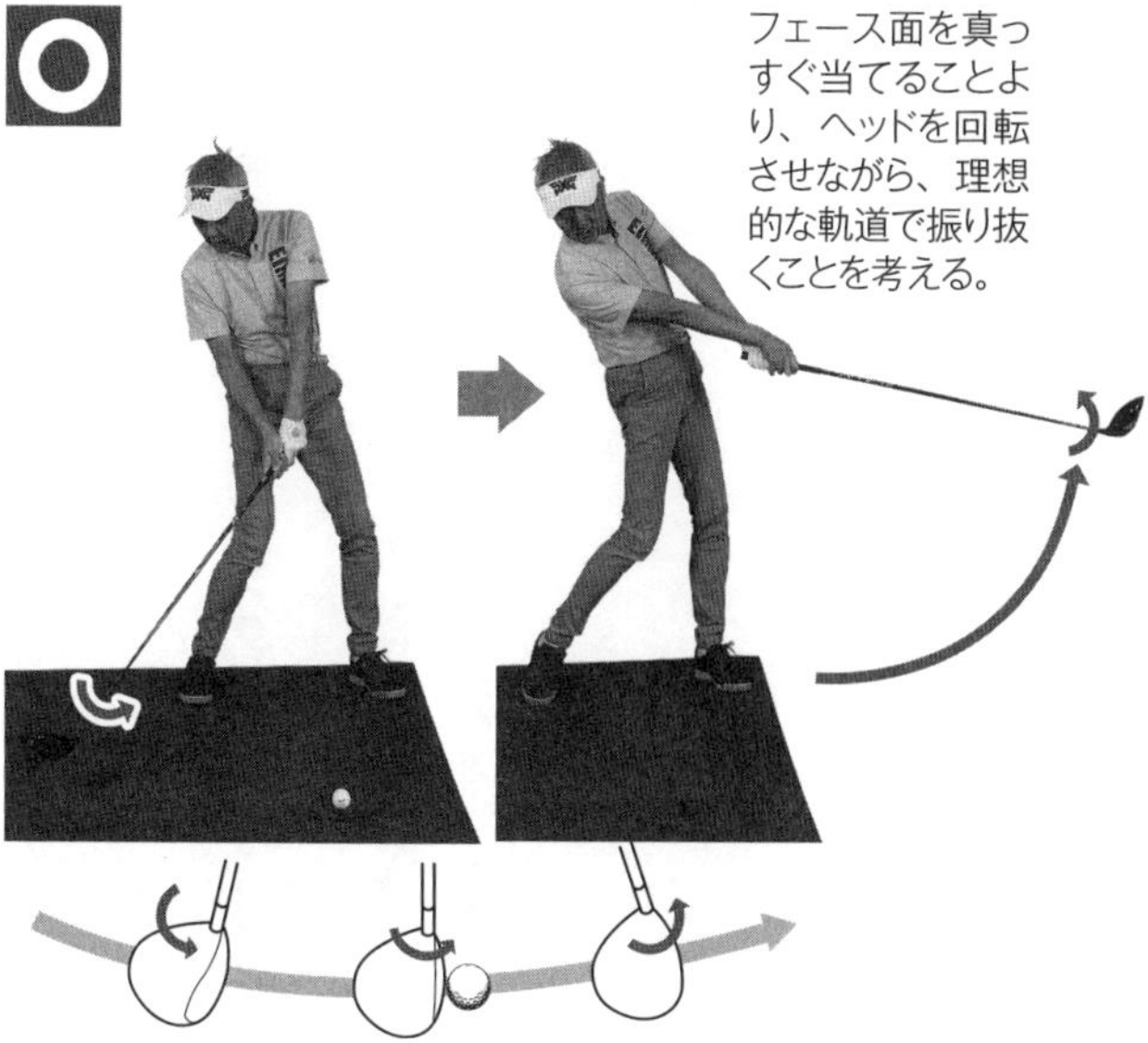

フェース面を真っすぐ当てることより、ヘッドを回転させながら、理想的な軌道で振り抜くことを考える。

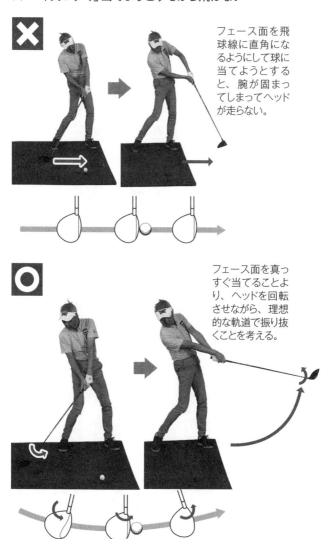

さらに、真っすぐ直線的な動きで球に当てようとするために、腕や手首に力が入り、それが筋肉の不必要な緊張を生んで、本来もっと飛ばす力を持っている人が、自身のパフォーマンスの半分も出せなくしてしまっているのです。

でも、言い換えれば、**真っすぐ当てるという意識を強く持ってスイングしてきた人ほど、これからさらに飛ばせる可能性を秘めている**ともいえます。

まずは「真っすぐ当てる」意識を取り払いましょう。球の方向をあまり気にせず、気持ちよくヘッドが加速するスイング作りをすることが、結果的に**「飛んで方向性を失わない」スイングを身につける近道**になるのです。

## ▼クラブは回転（ローテーション）するもの

「飛んで方向性を失わない」スイングをするために欠かせないこと、にもかかわらず、多くのアマチュアの方ができていない、とても重要な動きがあります。

それが前項でも少し触れた**「クラブの回転」**です。これを私は**「クラブローテーション」**

図2　ゴルフスイングは地球の公転・自転のイメージ

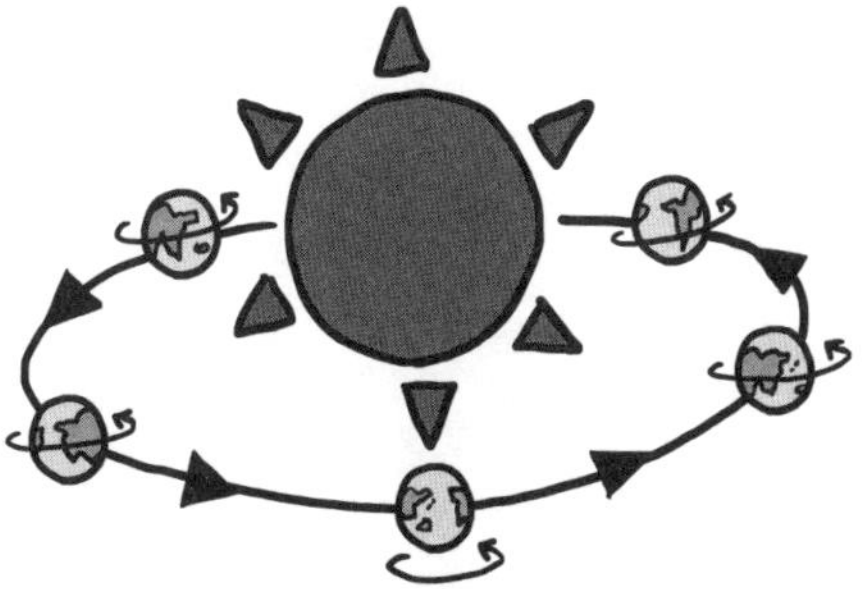

太陽の周りを地球が回りながら（公転）、地球自体も回っている（自転）。

ゴルフスイングも、自分（太陽）の周りをヘッドが回りながら、ヘッド自体（地球）も回転する動きが正しい。

と呼んでいます。

現在、多くのプロゴルファーが、さまざまなメディアでさまざまなスイング解説をしていますが、「クラブローテーション」という言葉はあまり出てきません。なので、みなさんも聞き慣れない言葉かもしれません。

しかし、実際には、プロはみなこの動きをスイングに取り入れています。意識するかしないか、また、どう表現するかは別にして、クラブの回転動作を取り入れて「飛んで方向性を失わない」スイングを実現しているのです。

「クラブローテーション」の詳細については次章から解説していきますが、私はレッスン生の方々によく、「簡単にいうと地球の公転・自転に似た動きと考えてください」と伝えています。

自分の体を太陽と仮定して、地球となるヘッドが自転しながら太陽（体）の周りを公転する動きのことを指している、と理解しておいてください。

## ▼フェースの向きは球の打ち出し方向に大きな影響を与えない

でも、こういうと、「クラブやフェース面が回転しながらスイングして、真っすぐなボールが打てるわけがないじゃないか！」という声が聞こえてきそうですね。

実際に、私のレッスン生の方々も、最初は半信半疑で聞く人がほとんどです。

しかし、ここを誤解されている人が多いのですが、球の打ち出し方向を決めるのはフェース面ではありません。**もっとも大切な要素はクラブの軌道であって、フェース面は打ち出し方向に対して大きな影響を与えない**のです。

ここを勘違いしている方がたくさんいます。まずはその認識を改めることが重要です。

飛球線に対してインサイドアウトの軌道で振れば、球は右に飛び出します。逆にアウトサイドインに振れば球は左に飛び出します。たとえインパクトの瞬間にフェース面が目標に対して正対していたとしても、球はヘッドのスイング軌道方向に飛び出します。

ただし、フェース面の回転によって球にはサイドスピンがかかりますから、もし開いていたフェースが閉じながら当たれば、左回転がかかり、球はフックします。

　ということは、インサイドからのダウンスイング軌道を作り、フェースがほどよく回転（ローテーション）しながらインパクトゾーンを通過できれば、（右から回り込んで）フェアウエーに落ちるドローボールになることになります。これが本書のメインテーマである「第2の正面」で打つことにつながります。

　これを実践するためには「体とクラブと飛球線の関係」を理解する必要がありますので、それについては次ページの図3をご確認ください。

## ▼プロでも球は曲がるもの。曲がりを武器にしよう

　私は日頃から、**球は曲がることを前提としてレッスンしています**。丸い球と平らなフェース面（ウッドの場合は、やや曲面）が衝突する現象がインパクトですから、真っすぐな球を常に打つというのはとても難しいことです。

　一流のプロでも球を意図せず曲げてしまうことがありますから、わざわざハードルを上

図3　球の打ち出し方向は「ヘッドの軌道」で決まる
*クラブローテーションして、フェース面がスクエアインパクトの時

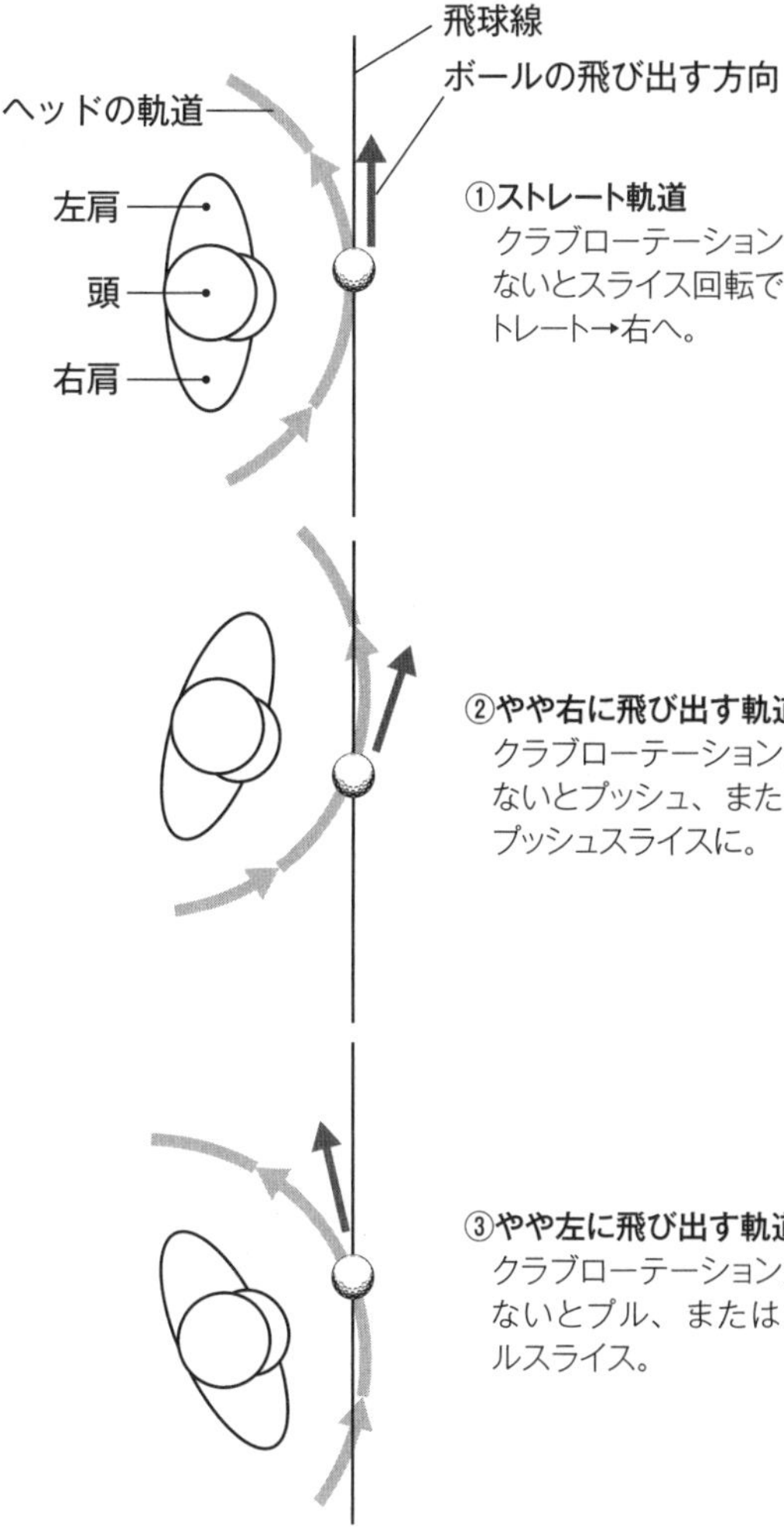


①ストレート軌道
クラブローテーションがないとスライス回転でストレート→右へ。

②やや右に飛び出す軌道
クラブローテーションがないとプッシュ、またはプッシュスライスに。

③やや左に飛び出す軌道
クラブローテーションがないとプル、またはプルスライス。

げて球を曲げずに打とうとするよりも、曲がる球をうまくコントロールするという視点に立ってください。そのため、私は先ほどから**「飛んで曲がらないスイング」ではなく、「飛んで方向性を失わないスイング」という言い方に変えていた**のです。そう意識を切り替えるだけで、ゴルフの上達が格段に早くなります。

そうとなったら、初めから球は曲がるものという前提に立ち、「第2の正面」と「クラブローテーション」を取り入れた正しい打ち方を身につけていきましょう。そのうちでも、まずは「クラブローテーション」を身につけることが先決です。

クラブローテーションを覚えれば、ただ飛距離が出るようになるだけでなく、常に一定の方向にしか曲がらない球を打てるようになります。実際のラウンドでのコースマネジメントも、格段によくなるはずです。

さらに上級者であれば、この「クラブローテーション」を取り入れることで、ドローボールだけでなく、フェードボールもコントロールできるようになります。

たとえフェードボールであっても、しっかりつかまった球でなければなりません。フェース面をローテーションせずに、ただこすっただけのインパクトから打ち出された球は、フェードボールではなく、ただのスライスボールです。

「クラブローテーション」を理解すれば、ヘッド軌道のアレンジによって、さまざまな打ち出し方向へ、つかまりのより強い球が打てるようにもなるのです。

## ▼クラブローテーションが正しいスイングを作る ⋁⋁⋁ 動画

つかまりのよい球、飛んで方向性を失わない球を打つために欠かせないクラブローテーションを解説する前に、いままで私がレッスンをしてきたアマチュアゴルファーの方々に多く見られる、代表的なスイングの勘違いについて紹介しましょう。いずれの勘違いも「クラブローテーション」を理解し、きちんと身につければ、自然に修正されていきます。

クラブの動きは自分では客観的に見えませんから、「自分はやっていない」つもりでも、知らず知らずのうちに間違った動きが身についてしまっていることもあります。

1つひとつの事例をイメージし、まずは、**「もしかしたら自分もそうしているかも？」という視点に立って読んでみてください。**

たった1つでも気づきがあれば、それが突破口となって、あなたのスイングは見違えるようによくなっていくはずです。

## スイングの勘違い1――「タメ」を作る

トップの位置からできるだけヘッドを落とさずに、手首や肘《ひじ》に力を入れて、球を打ちにいくダウンスイングをしていませんか?

「タメ」を作れれば、確かに球は飛ぶようになります。でも、多くのアマチュアの方が作ろうとしている「タメ」は、トップで作った腕とクラブの角度を変えずに、ただ形を保って腕を下ろしてくることで作るものだと考えている人が多いように思います。

本来「タメ」は、インパクト前後でヘッドを走らせる(振り抜く)ための準備動作であり、トップの切り返しでクラブが体の回転に引っ張られ始めた時に、**ヘッドが重さでその場に残ろうとする慣性と、ヘッドを振ろうとする人間の動きが、ダウンスイングで同時に作用して、お互いが引き合う力でできる**ものです。

野球の球を投げる動作に例えてみるとわかりやすいでしょう。

体を使って投げる時に、腕を振る方向とは逆方向（後ろ）へいったん引く動作が入ります。ここがゴルフでいうバックスイングです。

そこから、体のリードで引っ張られた肘や手首は、体に対してやや遅れてきてから球をリリース（投げる）します。この遅れている間に作られるのが「タメ」です。

この時、みなさんは球を投げようとしているのであって、手首や肘の角度をキープしようとしているのではないはずです。

このことからゴルフスイングでも、トップの位置でただ動きを止めることでも、ダウンスイングで手首の角度を意図的にキープすることでもなく、クラブヘッドの重さでヘッドがトップの位置にとどまろうとする力と、人がクラブを振り下ろそうとする力が拮抗《きっこう》することで、「タメ」が作られるといえるのです。

トップからいきなり手首を使って球を打ちにいくのはよくありませんが、スイング中に発生する重力や遠心力を生かすために、手首は適切なタイミングで解放（アンコック）する必要があります。

アンコックもローテーションも始まらず形だけをキープし続けている

結果、脇があいて球を打ちにいくインパクトになる

ダウンスイングでローテーションとほどよいアンコックが始まっている

結果、理想的なタメからのインパクトに

### 図4　スイングの勘違い――「タメを作る」

✕　単純に左腕とクラブシャフトの角度を変えないように力を入れて下ろしているだけのダウンスイング。アンコックされないため、ヘッドが走らない。

タメを作るためトップ
の形で固めている

◎　トップにヘッドを置き去りにするようなイメージで、下半身リードについていく腕とクラブが、慣性や遠心力でリリースされる、自然なタメがあるスイング。

下半身からの
切り返し

**「クラブローテーション」がわかれば、ダウンスイングのどのタイミングでアンコックを始めればいいかが、考えずとも自然と身についていきます**。そして、インパクトゾーンでクラブが加速する感覚を体感できるようになります。

みなさんが思っているよりもクラブは回転します。その回転が飛距離を生み、方向性を安定させていくのです。

## スイングの勘違い2――グリップエンドがヘソを指す

ダウンスイングでは、グリップエンドが体の中心（ヘソ）を指すようなクラブ軌道を作るとよいといわれます。この動きをとても難しく感じている人は多いのではないでしょうか？

実際、ただグリップエンドが体の中心を指すようにクラブを動かしただけでは、スイングするというよりも、軌道を「なぞる」動きになり、ヘッドの加速を生むことはできなくなってしまいます。

図5　腕の「外旋」と「内旋」

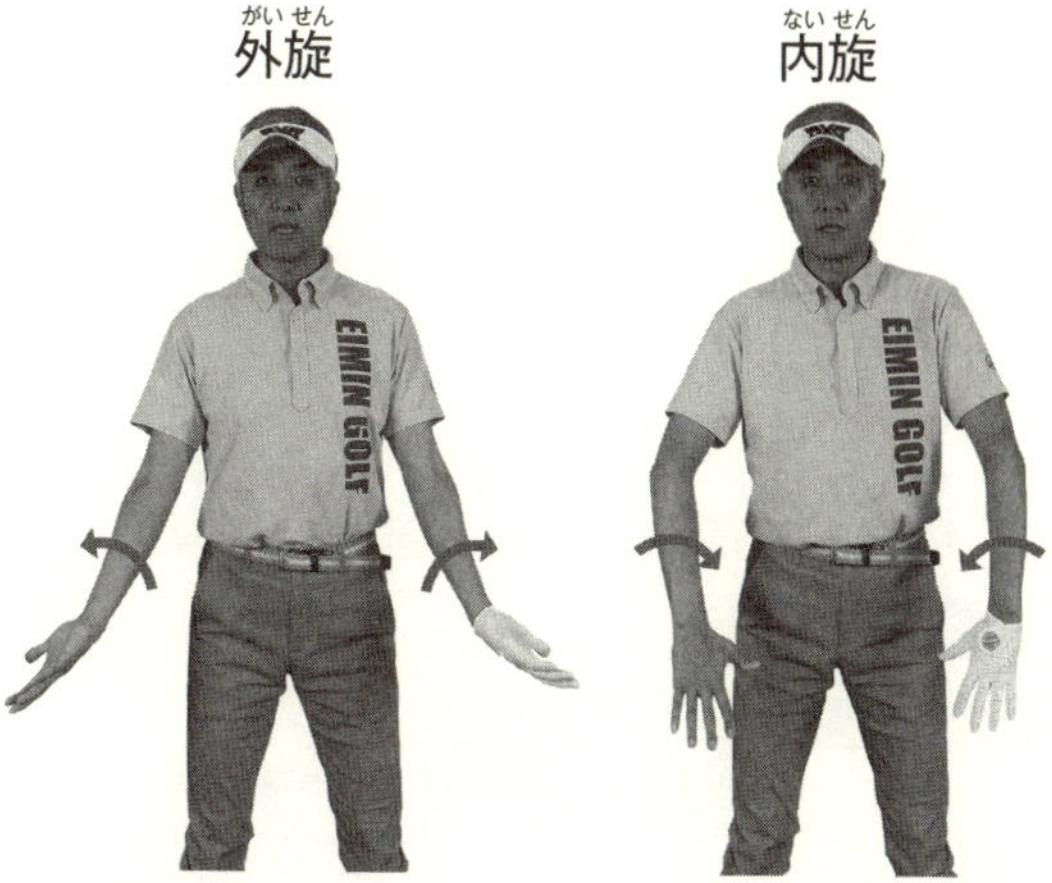


外旋運動では肘が体に近づき、内旋運動では肘が体から離れる。

体の動きが腕の動きに先行しているスイングの中で行われる、という条件がつきますが、**ダウンスイングでクラブをローテーションさせながら振ると、ヘッドが加速するだけでなく、自然にグリップエンドは体の中心を指していきます。**

反対に、ローテーションをさせなければ、グリップそのものが体から離れてしまい、ヘッドが遠回りして、最悪の場合はシャンクになってしまいます。

クラブローテーションは、ダウンスイングではおもに目標側の腕（右打ちなら左腕）を外旋《がいせん》する動作で行われますが、ダウンスイングでその動作が入れば、自然に左手の小指は

## 図6　スイングの勘違い――「グリップエンドがヘソを指す」

× ただ形だけを作ろうとしている。ヘソを指すとは、スイング中、ずっとグリップエンドがヘソを向いていることではない。

腕や手首を固めて形を変えないようにしているだけ

◎ クラブを横に振ろうという意識とクラブローテーションで、回転している体の中心（ヘソ）からグリップエンドが離れないようにする意識が働くことで「ヘソを指す」。

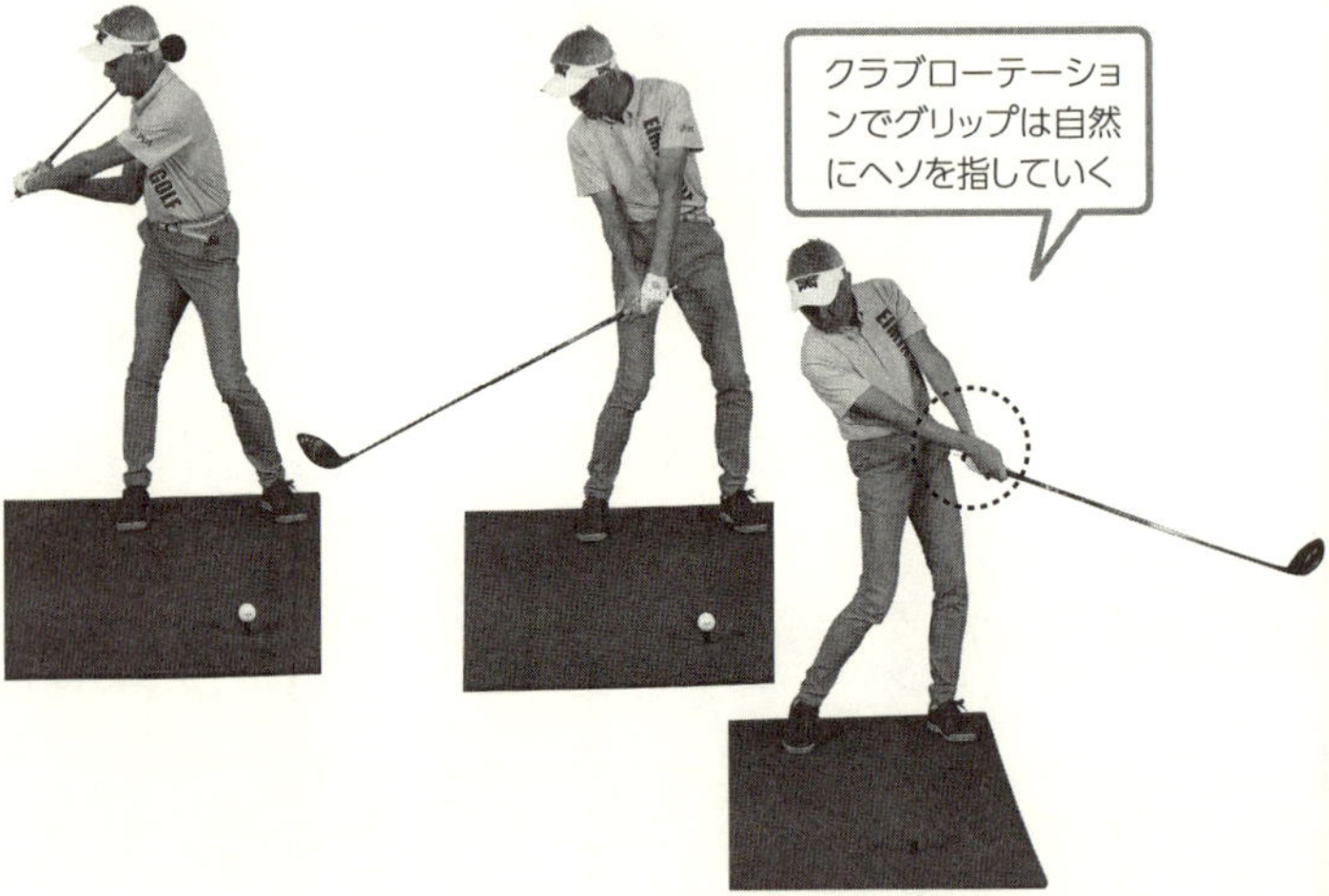
クラブローテーションでグリップは自然にヘソを指していく

体に近づいてくる動きになるはずです。これによりダウンスイング中、グリップエンドが自動的にヘソを指すことになるのです。

## スイングの勘違い3――ダウンブローで打つ

この言葉も、多くのアマチュアの方が勘違いしているようです。

ダウンブローとは球をヘッドで上から叩くようにスイングすることではありません。ダウンブローという言葉の本来の意味は、スイングプレーン上の、クラブが下降しているところで球をとらえ始める現象を指したものです（⇕アッパーブロー）。そしてこの動きは、球が地面にある場合に必要不可欠なものでもありますので、正しく理解しておいてください。

大まかなイメージでは、スイングプレーン上でゆるやかに地面に対して旅客機が着陸してくるような角度で下りてきて、少しでも上から入ってきていればそれはダウンブローとなります。**ミサイルが着弾するような角度で無理に上から振り下ろすことを指しているのではありません。**

アイアンのヘッド形状を想像するとわかると思いますが、ヘッドの先端（トウ）のほうがシャフト側より大きく重たいですよね？　クラブローテーションによって、この重たいほう（ヘッドのトウ）が、スイングする自分から見て左方向に回転（ローテーション）しながら下り始めると、自然にフェース面は少しずつ球のほう（下）を向いていきます。

地面にある球を直接ヒットするためには、このようにフェース面が球に向かっていく動きを、ダウンスイングで作る必要があります。

ダウンスイングでクラブローテーションを意識できれば、理想的なスイングプレーン上でヘッドが動き、最下点（最低点）の手前で球にコンタクトする、正しいダウンブローの動きが作れるようになるのです。

もしダウンスイングで「クラブローテーション」がなければ、ヘッドは本来通るべきスイングプレーンの下を通過してしまい、想定している最下点よりも早く地面に当たってしまいます（図7）。

この動きは、テニスのラケットの動きと似ています（図8）。テニスで球を打つ時には、面の向きを変えないで直線的に動かそうとするのではなく、回転させながら振っていることに気づくでしょうか？ その回転はゴルフクラブのローテーションと同じ動きで、それを前傾しながら行っているのがゴルフスイングなのです。

ところが、クラブローテーションせずにダウンスイングをすると、次第にフェース面が上を向き始め、ヘッドのトウが右側に倒れてしまい、フェース面がめくれてすくい上げるような動きになります。これと同じ動きをテニスで行うと、カット回転のボールを打つショットになってしまいます。

これでは、球がスライスするばかりでなく、前傾しているゴルフの場合、球の手前を大きくダフる結果につながってしまいます。

さらに、めくれたフェース面をインパクト直前で直そうとすると、利き手に力が入って体が突っ込み、引っかけやトップのミスが出やすくなります。

クラブローテーションがなければ、正しいダウンブローを作れないばかりか、フェース面に球を的確にコンタクトさせることが難しくなってしまうのです。

極端に上から振り下ろす必要はない。1度でも上から入ればダウンブロー。

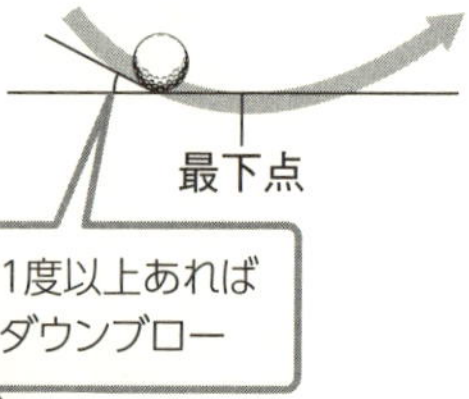

球と芝の間にヘッドを入れようとするスイング、またはフェースに乗せて球を上げようとするスイングが、ヘッドを手前から入れる軌道を作ってしまう。

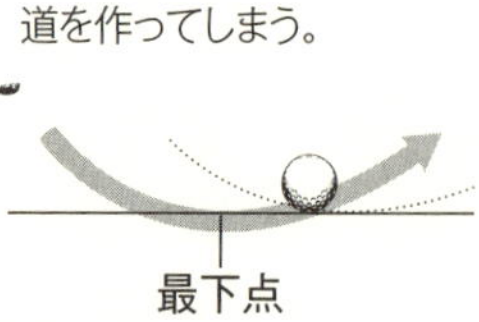

## 図7　スイングの勘違い――「ダウンブローで打つ」

○ 下半身リードを使ったクラブローテーションで、フェースが球に向かっていくダウンスイングをすることで、最下点手前のインパクトが作れる。これをダウンブローという。

フェース面がボールに向かっていく

× ヘッドをダウンブローに入れようとして、手首のリリースが早くなり、結果としてすくい打ちになる。

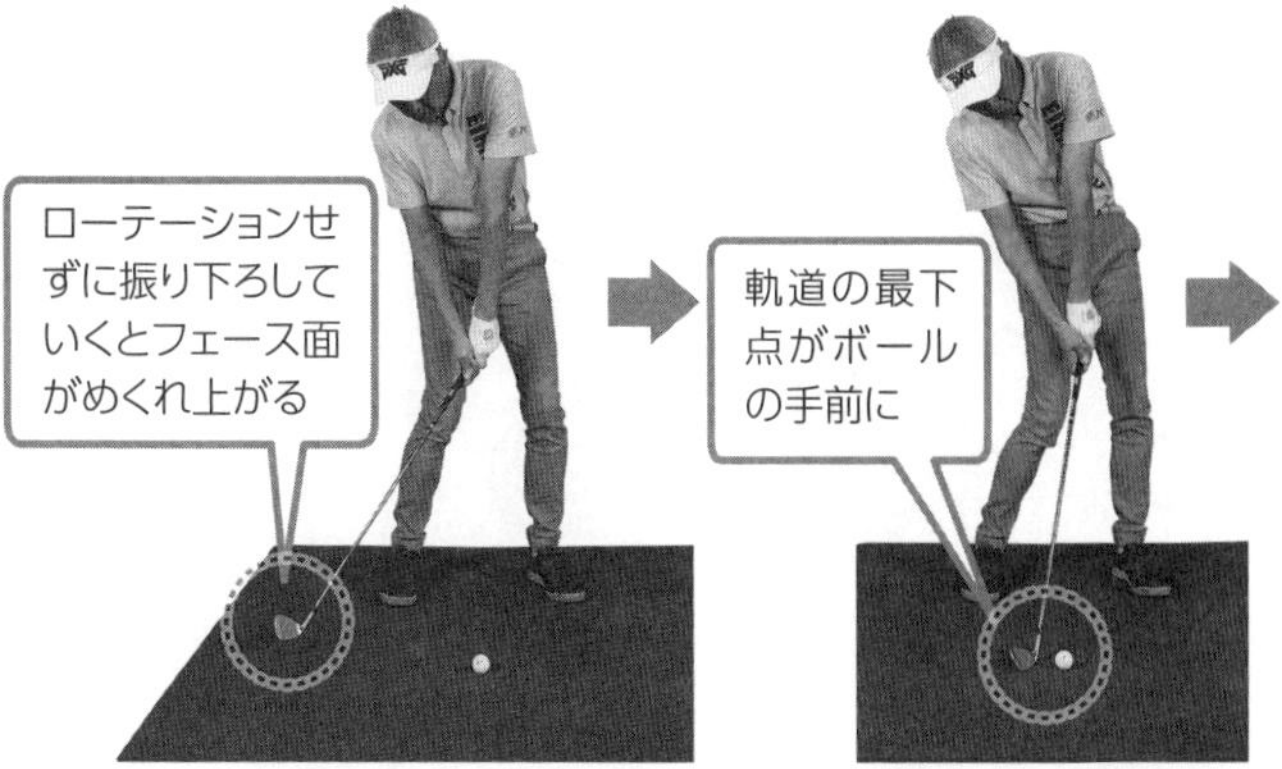
ローテーションせずに振り下ろしていくとフェース面がめくれ上がる
軌道の最下点がボールの手前に

図8　テニスのストロークの動きをイメージしよう

テニスでストロークをする時は、球にドライブがかかるようにラケットを回転させながら振っている。ゴルフのダウンスイングでも基本は同じ。

テニスのカット打ちは、ゴルフではボールをすくい上げるNGスイングになる。

## スイングの勘違い4——ハンドファーストインパクト

インパクトでは、グリップのほうがヘッドよりも目標方向へやや先行している形が理想とされています。実際にプロのスイングの連続写真などを見ても、画像上は確かに、ほぼハンドファーストの形になっています。

ですが、その形を作ろうとするあまり、トップからヘッドをリリースする動きを意図的にやめてしまい、フェース面と飛球線を直角に保って、球に当てに行こうとしてしまっている人が多くいます。

正しくハンドファーストインパクトができれば、インパクト後にヘッドやグリップが体を勢いよく追い越していきます。

しかし、力で腕とクラブの形をキープしていると、ヘッドそのものが走りません。その状態でハンドファーストの形を作ろうとするため、左脇があいて、ただ球を押し出すだけのインパクトになってしまうのです。

トップからの切り返しで横回転で始まったダウンスイングの途中からクラブローテーションが入ることで、ヘッドが理想的なスイングプレーンを作り出し、ダウンスイングでグリップやヘッドが球に向かっていく直線的な軌道から、大きなスイングアークを作り出せる円軌道に変化していきます。

そうすることで、ヘッドの動きがほどよく遅れ（レイトヒット＝腕とクラブが肩の回転に遅れて振られている状態）、体との回転速度の差が生まれて、自然にハンドファーストのインパクトが作られるようになるのです。

自分のスイングを動画などに撮って見た時に、左脇があいたり、左肘が引けて写っている人（右打ちの場合）は、正しいハンドファーストインパクトになっていません。要注意です。

## 図9　スイングの勘違い――「ハンドファーストインパクト」

✕ ただグリップを目標方向に出していくのはハンドファーストではない。脇があいてシャンクなどの原因に。

手で無理やり出すとヘッドが走らない

○ 体の回転に先導されている腕とクラブが、ヘッドの重さで遅れてくることによりできるのがハンドファーストインパクト。左脇を力んで縮こませなくてもOK。

クラブローテーションでヘッドがほどよく遅れる

## スイングの勘違い5——左の壁を作る

最近ではフィニッシュで目標側の脚（右打ちなら左脚）が伸び、体が地面と垂直になるスイングが正しいといわれています。

これは、ダウンスイングで体が目標方向へ流れない（スウェーしない）スイングによって作られています。それを見た多くのアマチュアの方は、左脚にガチッと力を入れすぎて、必要以上に我慢して動かさないようにしがちです。

でも、これでは体の動きが止まり、グリップや肘が目標方向へ抜けて、腕の力だけでクラブを動かすスイングになってしまいます。これは「スイングの勘違い1」の、ダウンスイングでタメを意識するあまりに、必要以上にクラブの動きを抑える症状とも重なります。

体の力を利用してクラブローテーションができると、ヘッドのトウがインパクト以降から目標方向へ回転し始め、そこが先頭になって腕やクラブを引っ張ってくれます。ハンマー投げのように、先端の重さを使って回転のスピードを上げていく原理と同じです。

## 図10　スイングの勘違い──「左の壁を作る」

✕　インパクトで左サイドの動きを止めるのは壁ではない。円軌道でスイングできなくなり、ダフリの原因に。

左脚をガチッと固める
腕の力だけでクラブを動かすことに

◎　たとえ左サイドに壁が立っていたとしても、左腰や左膝が流れずにその場で回転することを壁があるスイングという（壁はあくまで体の動きで作る）。

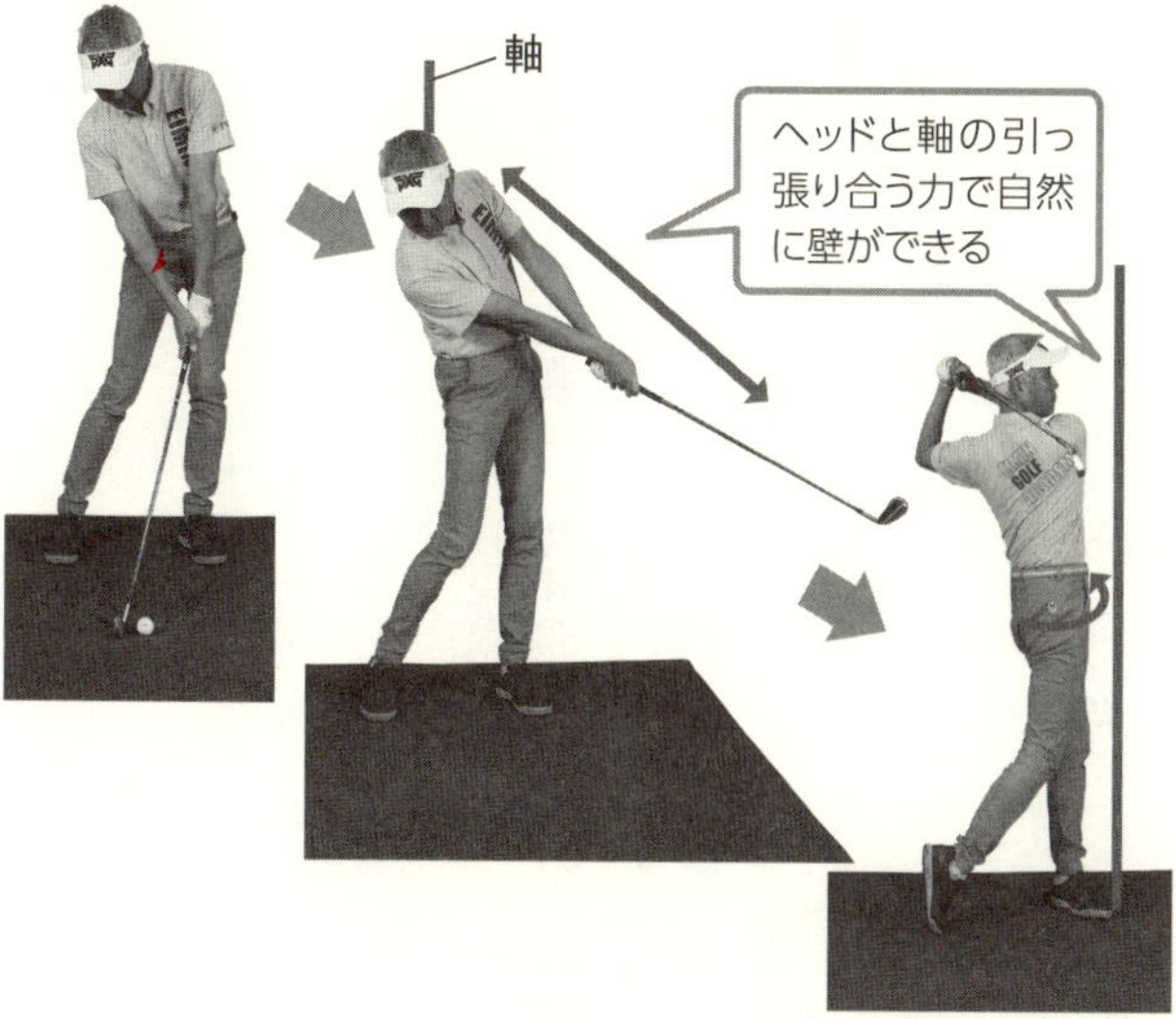
軸
ヘッドと軸の引っ張り合う力で自然に壁ができる

その時に、ヘッドに引っ張られる力で体の軸まで流されないように維持することで、アドレスの位置に体を残す動きが作られます（ヘッドと軸の引っ張り合う力）。これにより、左脚が流れず、地面に対して体が垂直になったフィニッシュが取れるスイングとなるのです。これが本来の「壁を作る」動きです。

＊

いかがでしたでしょうか？

ここに挙げた例は、多くのアマチュアの方々が陥りがちな勘違いの事例です。「クラブローテーション」という考え方を理解するだけで、これらの症状は劇的に改善していきます。

正しい動きであっても、最初は体が思うように反応してくれないかもしれません。ですが、「クラブローテーション」、そして後章で解説する「第2の正面」を理解し、その動きを繰り返し練習するうちに、必ず、

「あ、そういうことか！」

と体の感覚と理解が一致する時が来ます。

そうなればしめたもの。ゴルフが加速度的に上達して、「飛んで方向性を失わないスイング」に一歩も二歩も近づいていくことになるでしょう。

本書を手にして実践していかれるみなさんは、すぐそこに誰もが憧れるショットが打てる、自信に満ちたゴルファーとなる未来が待っています。

そのためのカギとなるのが「第2の正面」と「クラブローテーション」。まずは「クラブローテーション」を次章より解説していきます。

## ▼トラックマンで理想の弾道を知っておこう

昨今のゴルフスイング解析では、TRACKMAN（トラックマン）という球の弾道とクラブ軌道を解析する機器などが使われるようになりました。

私がレッスンをしている練習場にもすでに導入されていますが、その機器を使って、100を切るくらいの男性の平均的なヘッドスピードである秒速42mで私が打ってみたドライバーショットのデータが次ページの図です。

**図11　ローテーションできれば260ヤードは飛ぶ**

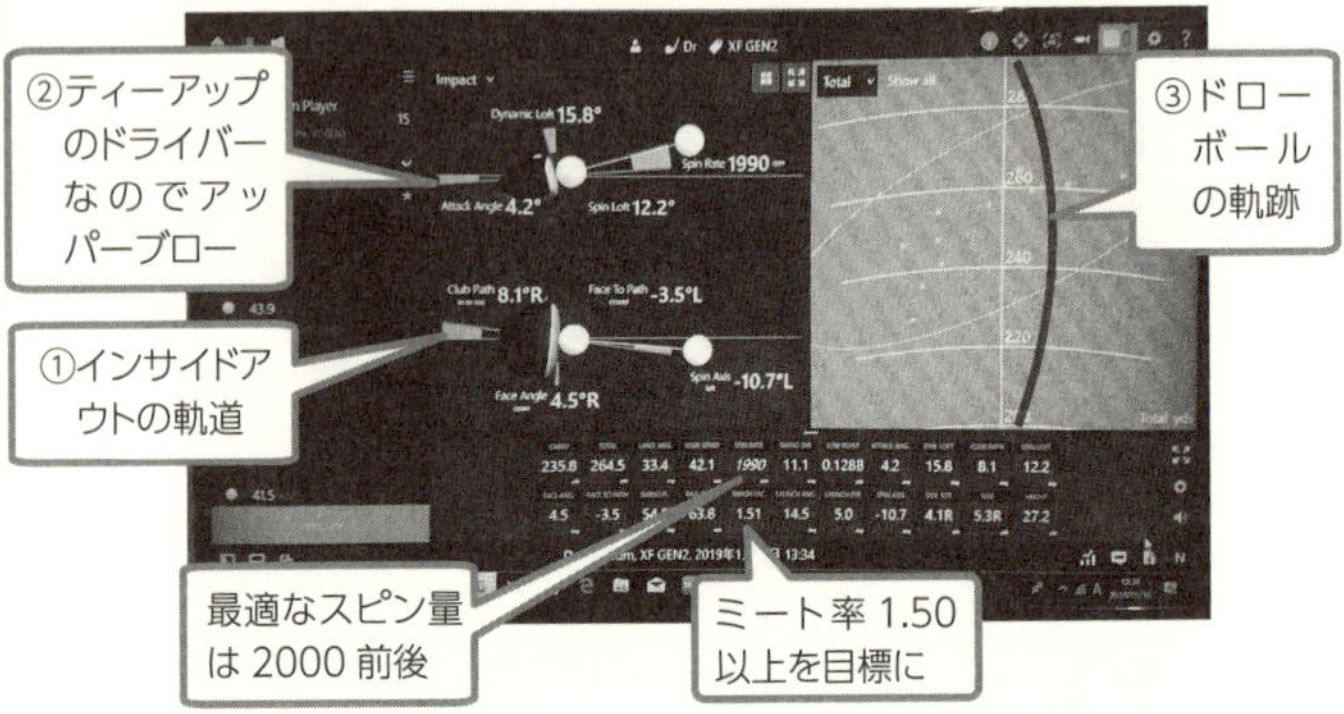


アマチュアで100を切るくらいの男性の平均ヘッドスピードである秒速40m前後でも効率よく力が伝われば260ヤードは飛ばせる。

①のクラブ軌道は飛球線に対してインサイドアウト

②ティーアップしているショットなのでアッパーブロー

③の打球軌跡は飛球線よりやや右に飛び出した球が、フック回転で左に戻るドロー軌道

こういう結果が出ています。クラブローテーションを身につけて、上図のようなデータになれば、つかまりのいい、力強いボールが打てているはずですので、ぜひ参考にしてみてください。

＊TRACKMAN㈱提供

第1章

# 「飛ばすスイング」が身につく体づかいの基本

◇いまの筋力・体力のままでも＋10～20ヤードは確実！

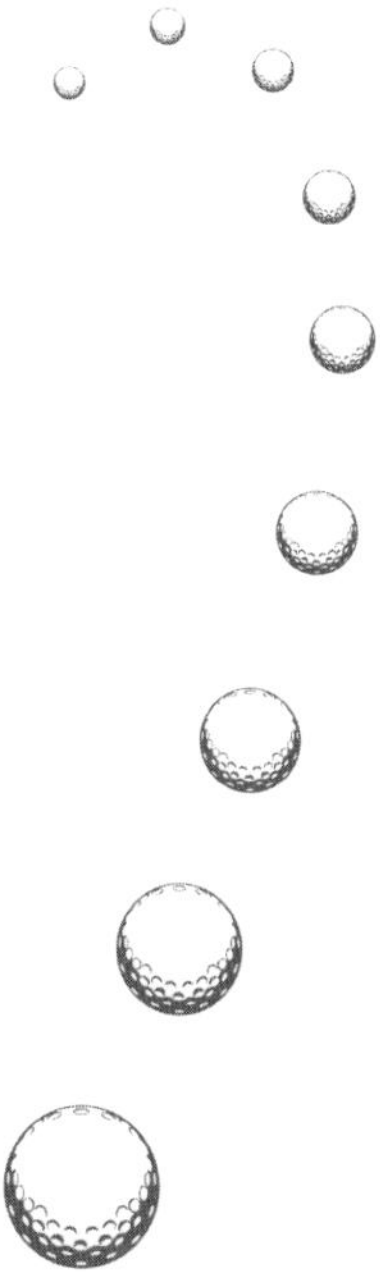

この章では、理想的なスイングを作るための基本動作についてお伝えします。クラブローテーションを理解し、力強い球を打てるようになるためには、体の動かし方の基本を知っておく必要があります。私の経験上、多くのアマチュアの方は基本動作を正しく理解していないために、スイング作りに行き詰まってしまっています。

体やクラブの動きは、脳が理解しているイメージが伝わって作られていきますから、頭で理解している動きが間違っていたら、体は正しい動きができるはずもありません。

そこで、クラブローテーションや飛ばすための技術を1日も早く覚えるために、まずはそれらの土台を形成している、正しい基本動作を理解しましょう。

また、ここに書かれている動作の説明は、「その言葉の通り」に受け取って、実践してみてください。「体を前後に動かす」「(インパクトで)アドレスの50：50に戻る」「下半身はワン～ツーでリズムを取る」などの言葉が出てきますが、脳に言葉のイメージがそのまま伝わることで初めて、適切な動作が可能になります。言葉を自分なりにアレンジして読んでしまうと、いままでの癖が抜けずに、スイングに悪い影響を与えかねないので注意しましょう。

## ▼スイング軸、スイングプレーン、スイング軌道を正しく知る

ゴルフスイングは大きく分けて「スイング軸」「スイング軌道」「スイングプレーン」という3つの要素で形成されています。

まずは、その中でも重要な「スイング軸」と「スイング軌道」についてお話ししていきます。「スイング軸」は背骨とほぼ同じ位置にあるもので、クラブヘッドが作る円の中心軸となる存在です。スイング中、軸そのものは回転していますが、いかなることがあってもこの軸の位置が動くことはありません。

でんでん太鼓の中心軸を想像するとわかりやすいと思いますが、「ばち」がよどみなく太鼓を鳴らし続けるでんでん太鼓は、中心軸を変えずにその場で回転し続けています。

軸がふらついていると、「ばち」が暴れてしまい、太鼓の中心をリズムよく打ち続けることができなくなります。体の回転も、このでんでん太鼓の動きと考えるとわかりやすいでしょう（でんでん太鼓は中心に軸がある一方、ゴルフスイングは体の後ろ側である背骨

あたりに軸があるという違いはありますが）。

「スイング軌道」は、クラブヘッドが通る軌道のことを指していて、飛球線に対してどのようにヘッドが通過したかを表しています。一般的にダウンスイングでは飛球線に対して内側（体側）からヘッドが入り、フォローでまた内側に抜けていく「インサイドイン」という軌道が正しいとされています。

本書では「第2の正面」と「クラブローテーション」を身につけて、飛んで方向性を失わない球が打てるようになる解説をしていきますが、そのためにはダウンスイングでインサイドから入る動きがとても重要になってきます。

多くのアマチュアは、ダウンスイングでヘッドが飛球線の外側から入る、アウトサイドインの動きになっています。スイング練習中でも目でヘッドの動きを確認しながら、理想的なスイング軌道を覚えていきましょう。

図12　スイング軸とプレーン、軌道の関係を知っておく

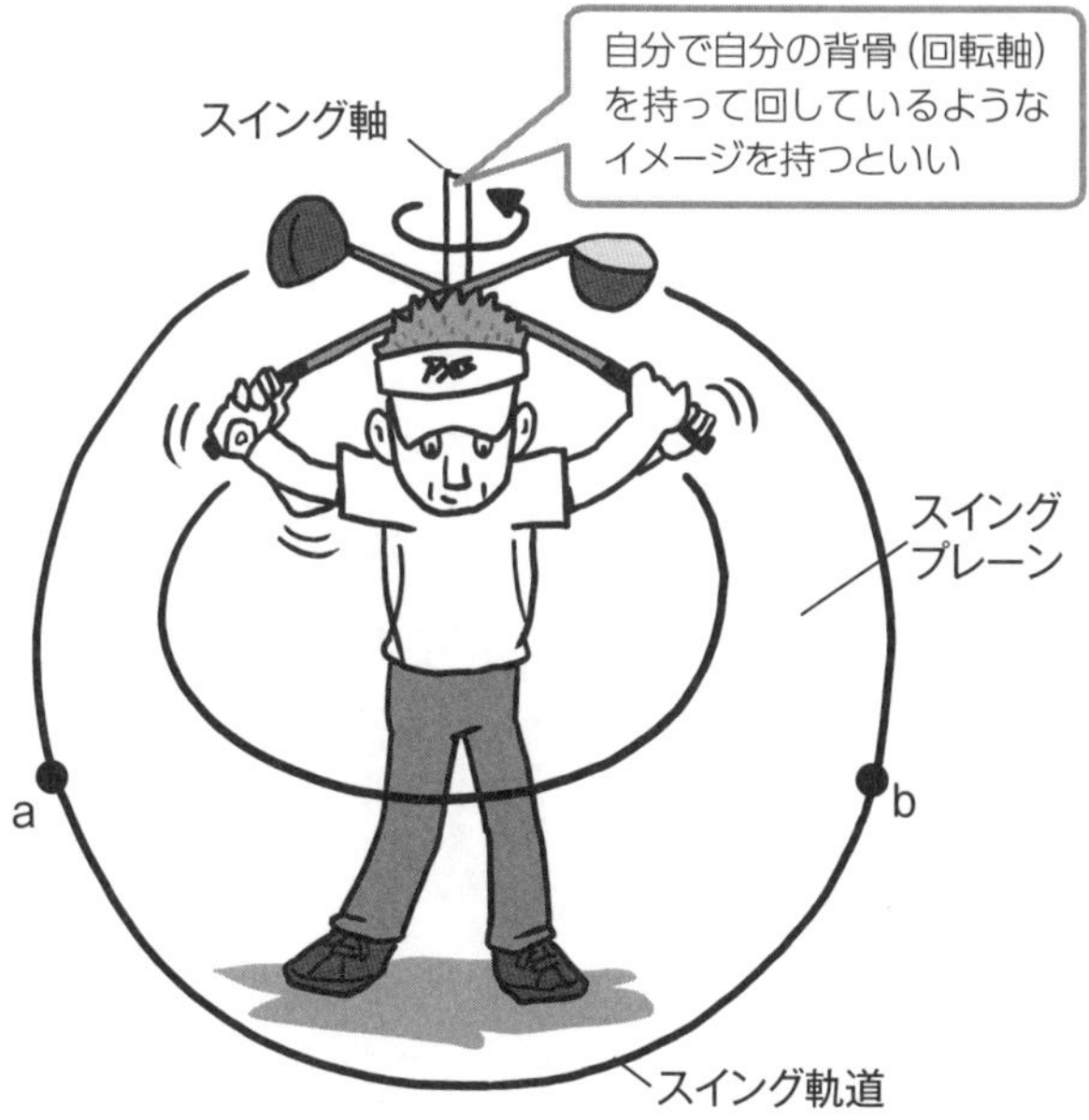
自分で自分の背骨（回転軸）
を持って回しているような
イメージを持つといい
スイング軸
スイング
プレーン
a
b
スイング軌道

スイング
プレーン
aからbまでのスイ
ング軌道中は、グ
リップはスイングプ
レーンの下を動く。

## ▼体は回さない。前後に入れ替える

さて、スイング軸とスイング軌道の基本が理解できたところで、今度はそれらの知識を使った体の正しい動かし方についての解説です。

スイング軸は背骨またはその近くにありますので、体はそこを中心に回転します。ところが、この「回転」という言葉が、多くのアマチュアゴルファーを勘違いさせるのです。

私たちプロは、**体そのものを回転させるという意識でスイングをしていません。むしろ、前後の入れ替えをするように体を使い、縦のスイング軸に対して横回転している体の力でクラブを振ろうと意識**しています。

具体的には、アドレスの状態から、背骨の位置を変えずに右肩を後ろに引けば、体は90度回転したことになります。これがトップの位置です。そこから左肩を後ろに引き続けて、左肩のあった位置に右肩が来れば、180度近く回転したことになります。この動きを見ている人は、確かに体が「クルッ」と回っているように見えますが、その中身は体を前後に入れ替える動きをしているだけなのです。

実際にやってみていただきたいのですが、真っすぐ立った状態で上半身を右に回そうとしてみると、顔も一緒に右に向き、背骨の位置がやや右方向にズレます。

ところが、右肩を後ろに「引く」という意識で上体を動かすと、顔の向きは正面を向いたまま胸が右に向いている状態になりませんか？ トップからフォローに向けての動きも同様に、左肩を後ろに引くという動きをすると、その場で体が入れ替わる動きになるはずです。これが「体を前後に動かす」ということです。

ここで注意してほしいのは、**右に向いた時には右足内側に、左に向いた時には左足内側に体重がかかっている**ことです。

中心となる軸を体の前（胸の前）に意識している人は、右に向いた時に左足、左に向いた時に右足に加重してしまいます。俗にいう「ギッタンバッコン」という動きですね。

あくまでも軸は背骨にありますから、右に向けば重心は右足裏の内側の上に、左に向けば重心は左足内側の上に来ます。これにより「体重移動」が行われているのです。

この動きができると、スイングそのものがとてもコンパクトに感じられるようになりま

## <飛球線後方から>

前傾角度をキープ。右肩・右腰は後ろへ。

顔はやや右向きでOK。右膝は伸び切らない。右足カカトまで加重。

トップで左肩のあった位置を右肩が通過する。左腰・左肩は後ろへ。

## 図13　体は回転させるのではなく「前後に入れ替える」

### ＜正面から＞

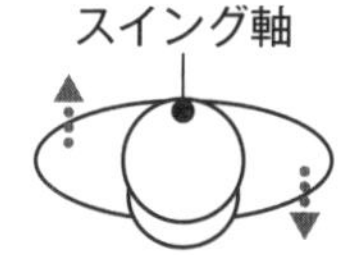


いまから前後の動きを始めるという意識を持とう。力まず動けるように。

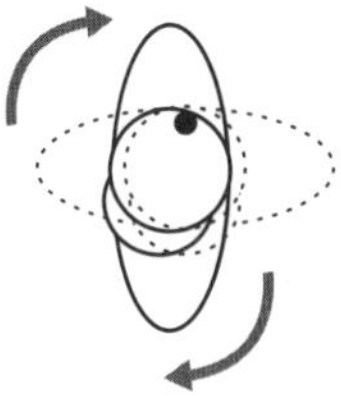

右足内側（カカト側）に加重。右肩・右腕は後ろへ。両脚のAラインはキープ。

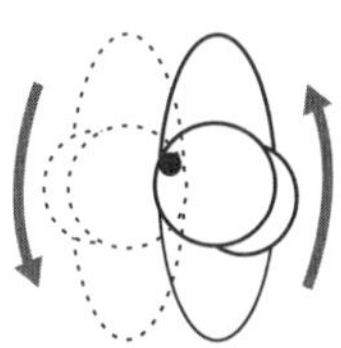

左足内側に加重。最後は左足外に乗ってもOK。左へは流れない。

✕ 体の前傾角度をそのまま左右につれていかない。飛球線に対して、いつも同じ角度を保つ。

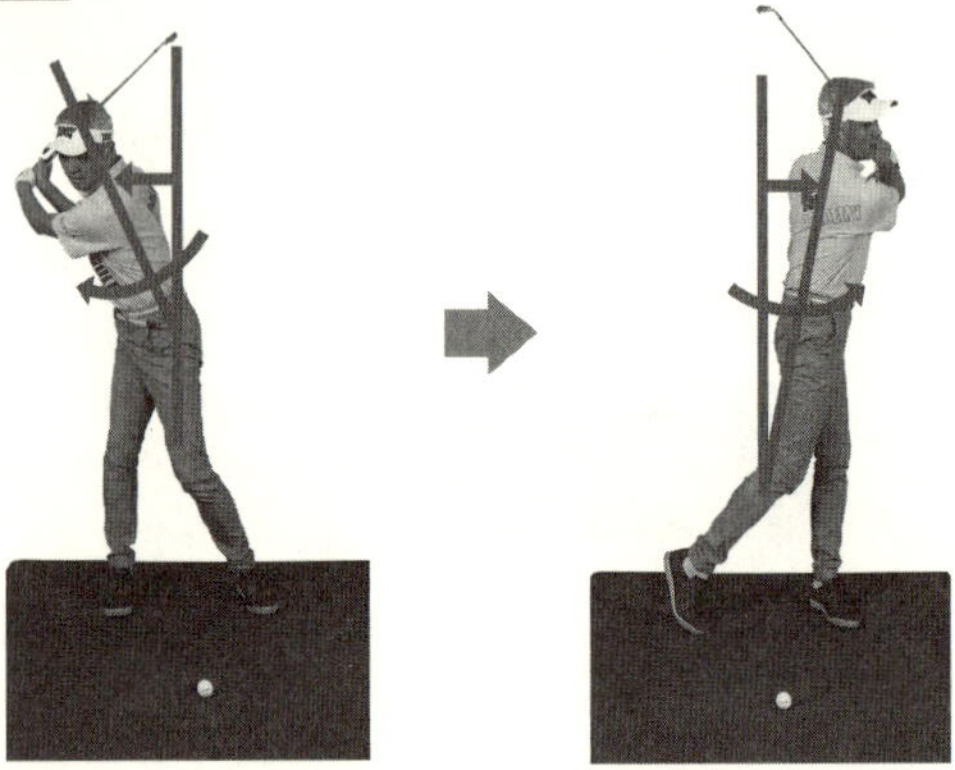

✕ 背骨ではなく体の中心に軸を設定すると、俗にいうギッタンバッコンのスイングになりやすい。

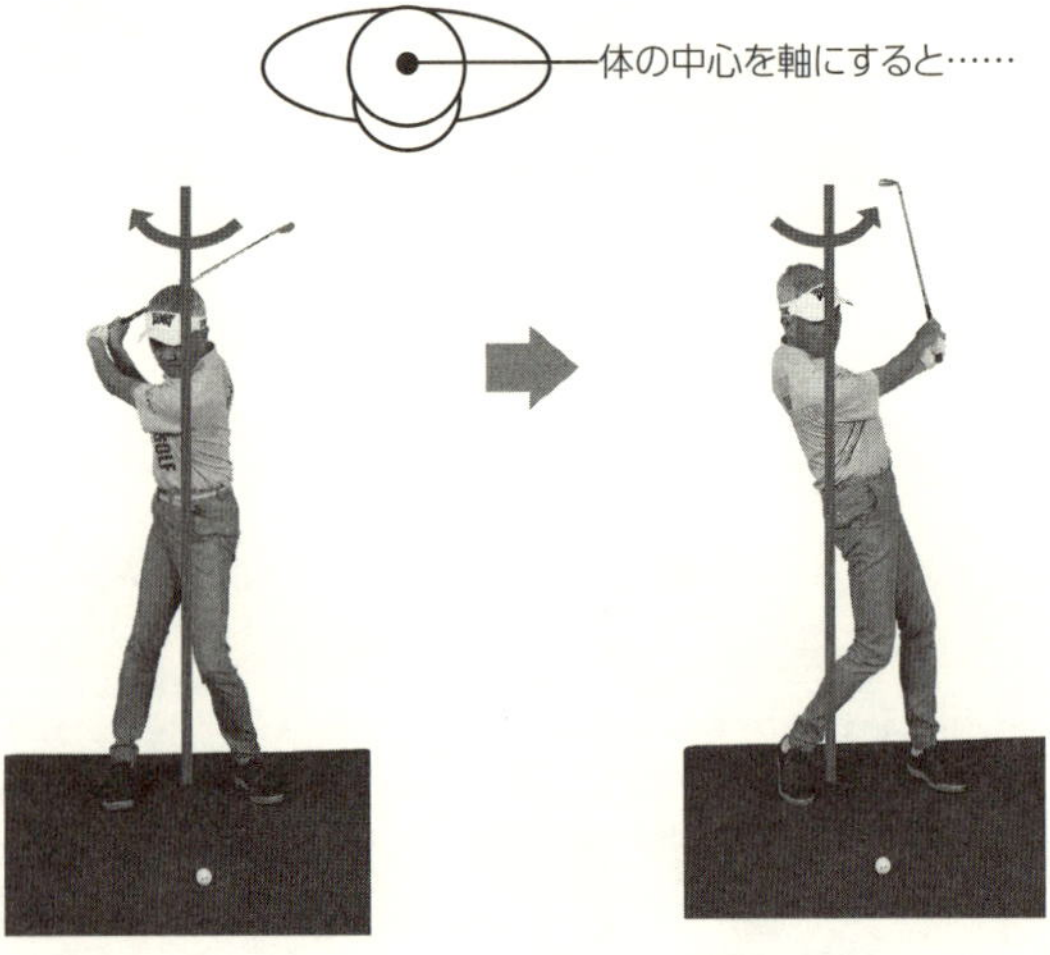

すが、軸が動かないスイングは、回転速度が速くなってヘッドスピードが上がり、同じ位置で回転することで、インパクトの確率も格段によくなるのです。

プロのスイングで、帽子のつばがあまり動かずにバックスイングできているのは、左右に体を動かして回転しているのではなく、軸となる背骨がアドレスの位置から動かずに、前後に体を入れ替えているからなのです。

## ▼前傾姿勢を維持するコツ

正しいスイングを作る要素で欠かせないのが**「前傾姿勢」の維持**です。

ゴルフはティーアップされたショット以外では、地面にある球をクラブのロフトを生かした高さに上げなくてはなりません。そのために必要な要素が前傾姿勢なのです。上体を前傾して構えることにより、ヘッド軌道が地面に対して斜めになります。トップの位置から斜めにヘッドが下りてくることにより、「ダウンブロー」といわれる、ゆるやかな上から下への軌道が作られます。

その結果、インパクトでヘッドが球にバックスピンをかけ、そのスピンの空気抵抗で発生した揚力《ようりょく》が、球を高く上げるショットを生むのです。

軸を保ってスイングをすれば、結果的に前傾姿勢も保つことになりますが、球を上げたいという意識が強いと、前傾姿勢が保てず、どうしても軸が右に傾いて下からすくい上げる動きになってしまいます。前傾姿勢を保つことで球が自然に上がるスイングになるということを理解しておきましょう。

前傾姿勢は上半身の角度をスイング中保ち続けることで維持されます。まずはバックスイングで前後の動きを意識して、前傾角度を保ったままトップを作ります（60ページ参照）。

そして、**トップで右に向いた時の左肩の位置に、フォローで右肩が入るように体を動かしてみましょう**。前後の動きを使った、左肩と右肩の入れ替え動作です。スイング軸を保って行えば、ほぼ同じ位置で肩の入れ替えができるはずです。

体の硬い人は、フィニッシュで無理にその位置まで右肩を持ってくる必要はありませんが、インパクト以降で、トップで左肩のあった位置に右肩が入るような意識でスイングを心がけてみましょう。

## 図14　前傾姿勢維持のコツは「左肩と右肩の入れ替え」

✕　ダフるのを怖がって左肩が上がると、右肩が下がって
よけいにダフる。前傾角度も起きてしまう。

〇　右肩はダウンスイングで地面に向かっていって正解。
地面を恐れずに左肩と右肩を入れ替えるようにする。

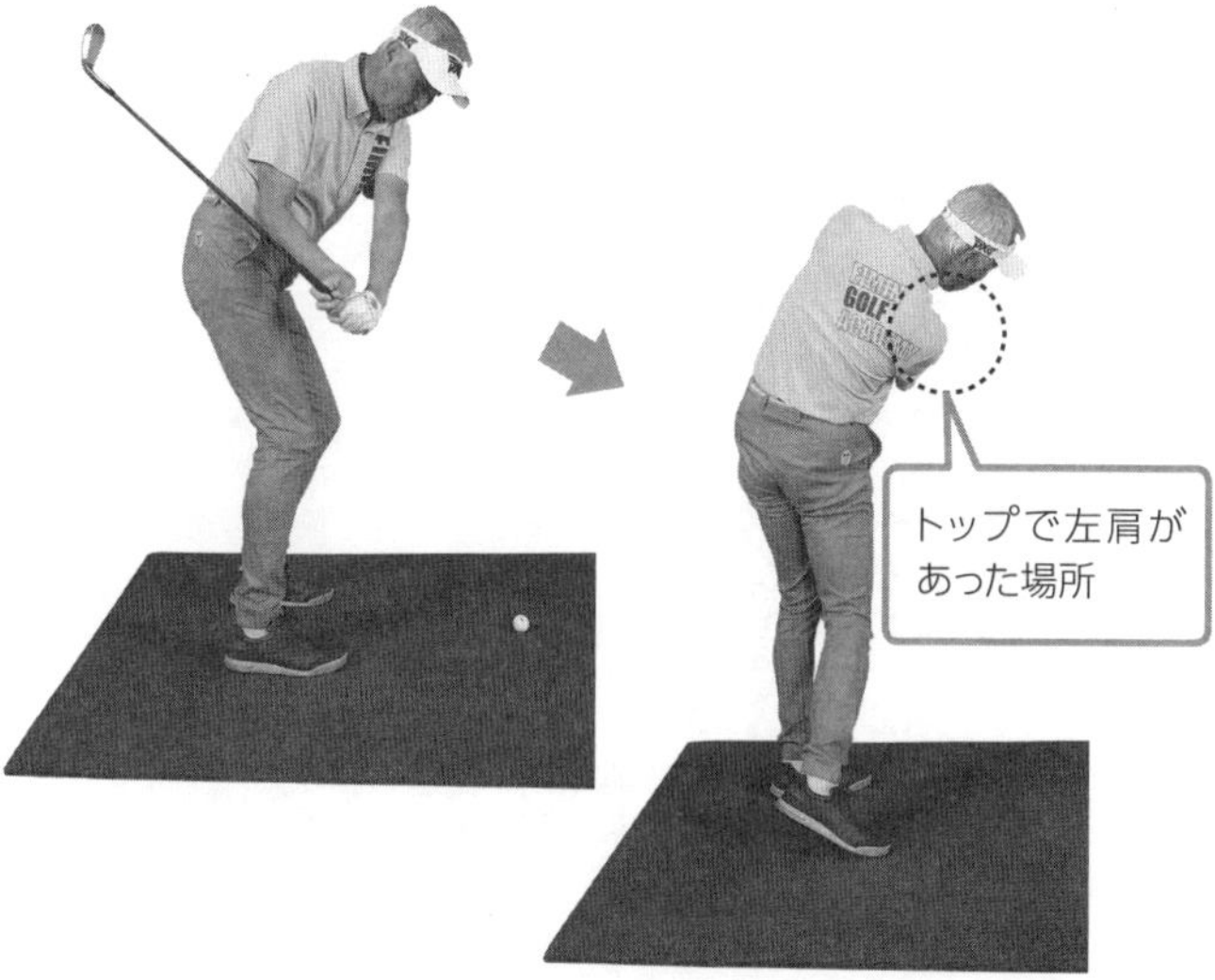

## ▼股関節と足の裏を意識しよう

いままで述べた体の前後の動きや前傾姿勢のキープは、下半身の準備と使い方が重要なカギとなります。

前傾姿勢をキープして前後の動きをするためには、股関節で上半身と下半身の捻転差《ねんてんさ》を吸収する必要があります。脚には体の前後の動きが作る回転によって、その回転方向に膝を開こうとする力が加わります。その力に負けて、下半身にかかる体重が脚の外側に逃げてしまっては、バランスを保つこともパワーをためることもできなくなります。

それを防ぐために、**バックスイングでは股関節を後方に切り上げる動きをすることで、膝の向きは正面に向いたまま上半身だけが右に向く動きができるようになる**のです。

試しに、前傾姿勢を取ったままクラブを持たずに両腕をダランと下げた状態から、右肘を真後ろに引く動きをしてみてください。右股関節が後ろに切れ上がる動きが体感できます（図15）。

その際、正面から見て、右脚はアドレスでできた角度を保ったまま回転するのが理想です。体重を移動するからといって、右脚が地面と垂直になってしまっては、軸の位置まで移動してしまいます。アドレスで作った両脚のＡラインの角度を変えずにバックスイングするには、股関節が回転を吸収する動きが不可欠なのです。

また、股関節に効率よく回転を吸収させるために、アドレスの時点で股関節から前傾姿勢を取るようにしておくことが必要です。

ちょうどビキニラインの位置に股関節はありますから、そこに指を立てて前傾姿勢を作ると、股関節から上半身が前傾するのがわかると思います。

ただし、股関節から正しく前傾姿勢が取れても、膝を曲げる段階でお尻が下がり、股関節の角度が伸びてしまう人も多いので、一度作った前傾角度は変えないようにして、膝の角度や立ち位置の調整をしましょう。

この股関節の動きができるようになると、足の裏の重心の移動が感じ取れるようになります。

アドレスでは両足の母指球よりややカカト寄りのところに、前後バランスの重心が来る

③

同じ動作をフォローでも。
左腰の切り上げでクラブが
加速する。

③

同じ動作で左腰を後ろに切
り上げる。

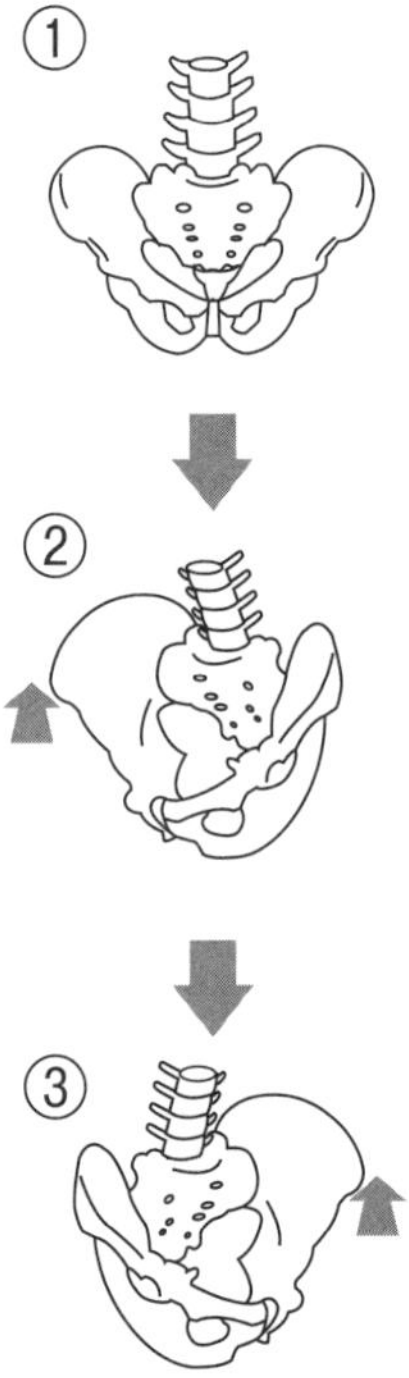


前傾した骨盤が前後
に動いて回転になる
イメージを持つ。

## 図15　股関節の切り上げで「力をためる」ためのドリル

### <飛球線後方から>

股関節から前傾を作らないとスムーズに動かない。

左肩を右足上に押し込む動きで、右肩・右腰は後ろへ切り上げる。

### <正面から>

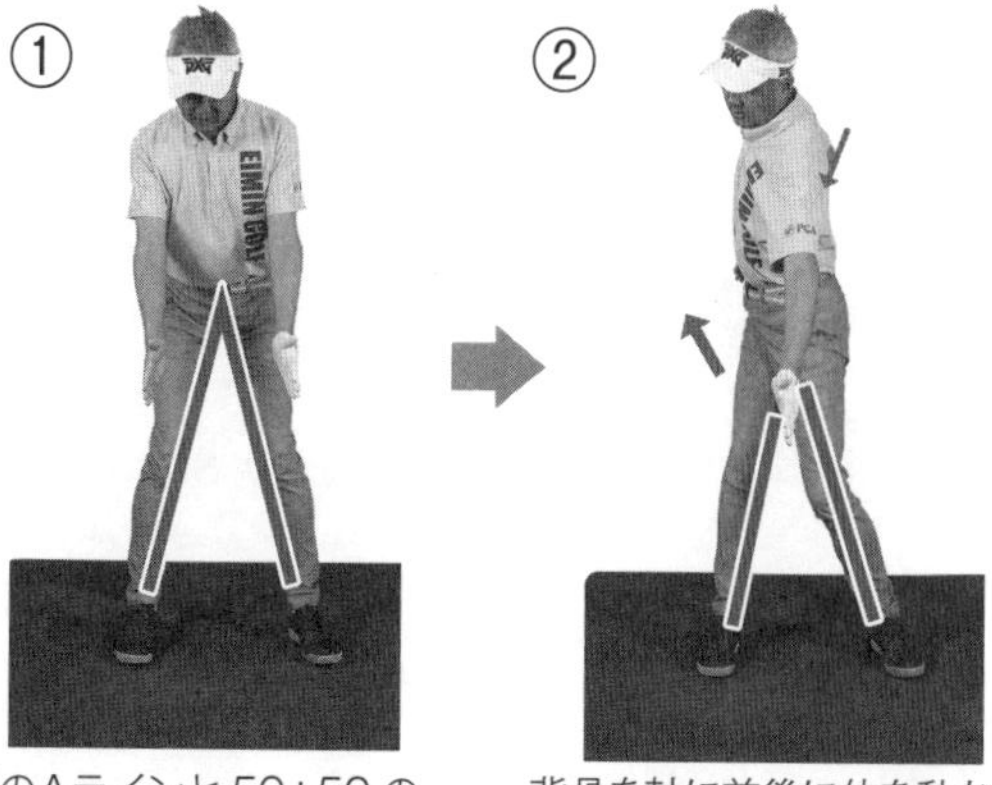


脚のAラインと50：50の体重バランス。

背骨を軸に前後に体を動かすので、胸や顔は思っている以上に右に向く。

ようにします。この時点で、左右の体重配分は50：50です。

ここから前後の動きで回転を作ると、重心位置はトップの位置に向かうにしたがって、右足裏の内側に移って行きます。右足裏のカカトの内側にしっかり加重したトップでの体重配分は、右70：左30くらいが理想です。

トップで右足カカトの内側までしっかり加重できたら、そこからダウンスイングに入っていきますが、**トップからはふたたびアドレスの50：50のバランスを目指した動きをします**。同じ場所で前後の動きをするのですから、いったん元に戻る動きが正解なのです。

多くの方はトップでできた70：30の体重配分を、左にいきなり横移動することで、アドレスの再現をせずに左足に加重していってしまいます。

あくまでも軸回転ですから、体重はアドレスの50：50から始まり、トップでは右足の裏に70、そこからまた50：50のアドレスに戻り、フォローでは左足の裏に移動していくのです。

この「アドレスに戻る」移動ができていない人がとてもたくさんいます。足の裏の体重の移り変わりに意識を向けて、その場で背骨が回転するイメージをつかんでください。

この感覚をつかむためには、腕を大きめに前後に振りながら、足を上げずにその場で歩

図16　正しい体重移動を身につけるドリル

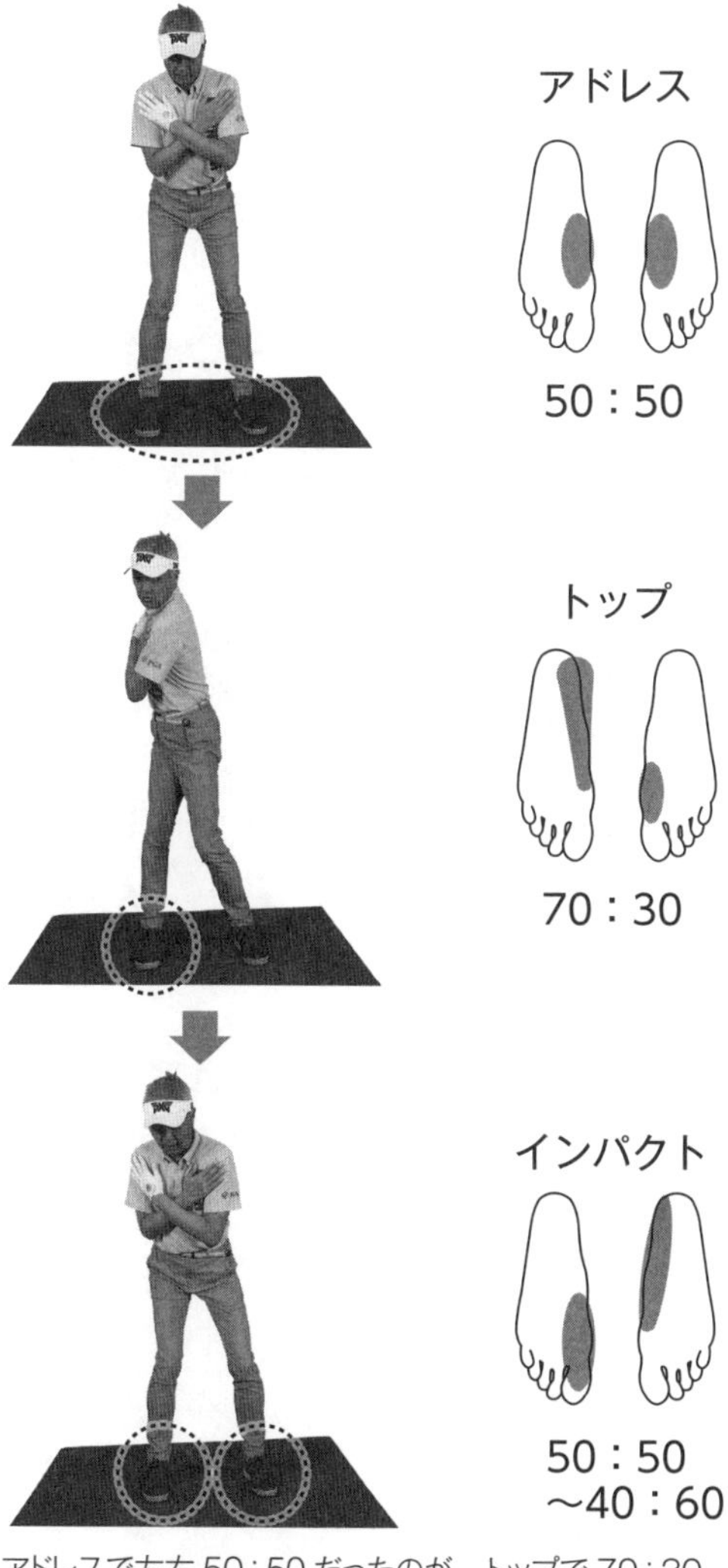


アドレスで左右 50：50 だったのが、トップで 70：30、インパクトに向けていきなり左足に体重を乗せるのではなく、いったん 50：50 に戻す意識でスイングする。

図17　体重移動の感覚をつかむ「その場歩き」ドリル

く動きをしてみるといいでしょう（図17）。上半身が横移動せず、膝や肩が前後に動き、その場で胸の向きを変える感覚がつかめると思います。

## ▼肘のセットアップでスイングが変わる

前後の動きを使った回転運動ができたら、今度はその力をクラブに伝える腕の動きが必要になってきます。

腕の動きは野球でいう「サイドスロー」の動きに似ているといわれています。サイドスローで球を投げる時に、右肘は下を向いていないとうまく投げる動作ができないですよね？ 右肘が外向きに張り出してしまうと、目標に向かって手を横に振ることができなくなります。

これは、お互いに対《つい》となる動きをする、フォローでの左肘にも同じことがいえます。

肘は外側に張ることなく、常に体のほう（下）を向いていなければ、球を強く投げる動きにはなりません。

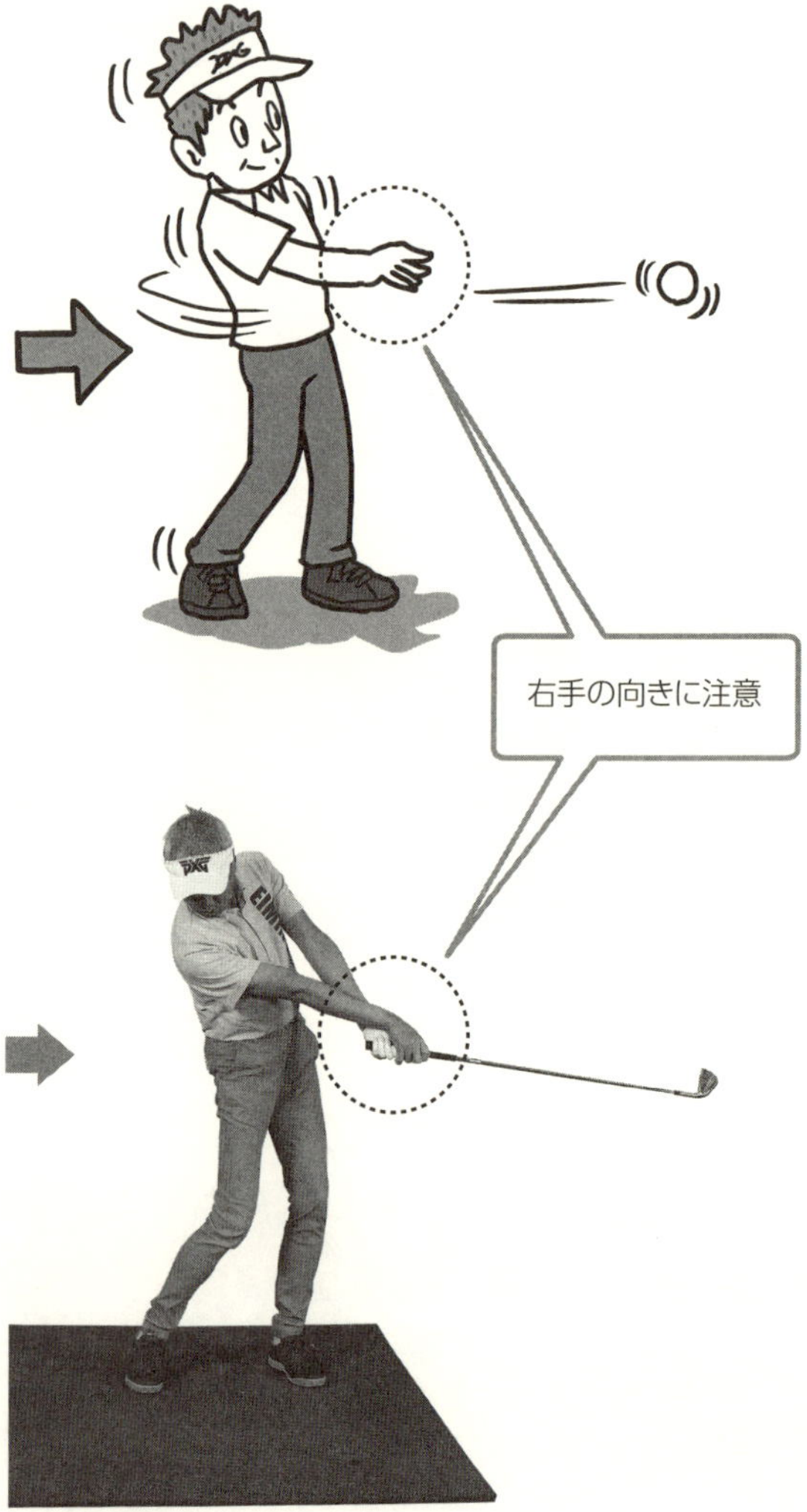
右手の向きに注意

図18　右腕の動きは野球のサイドスロー

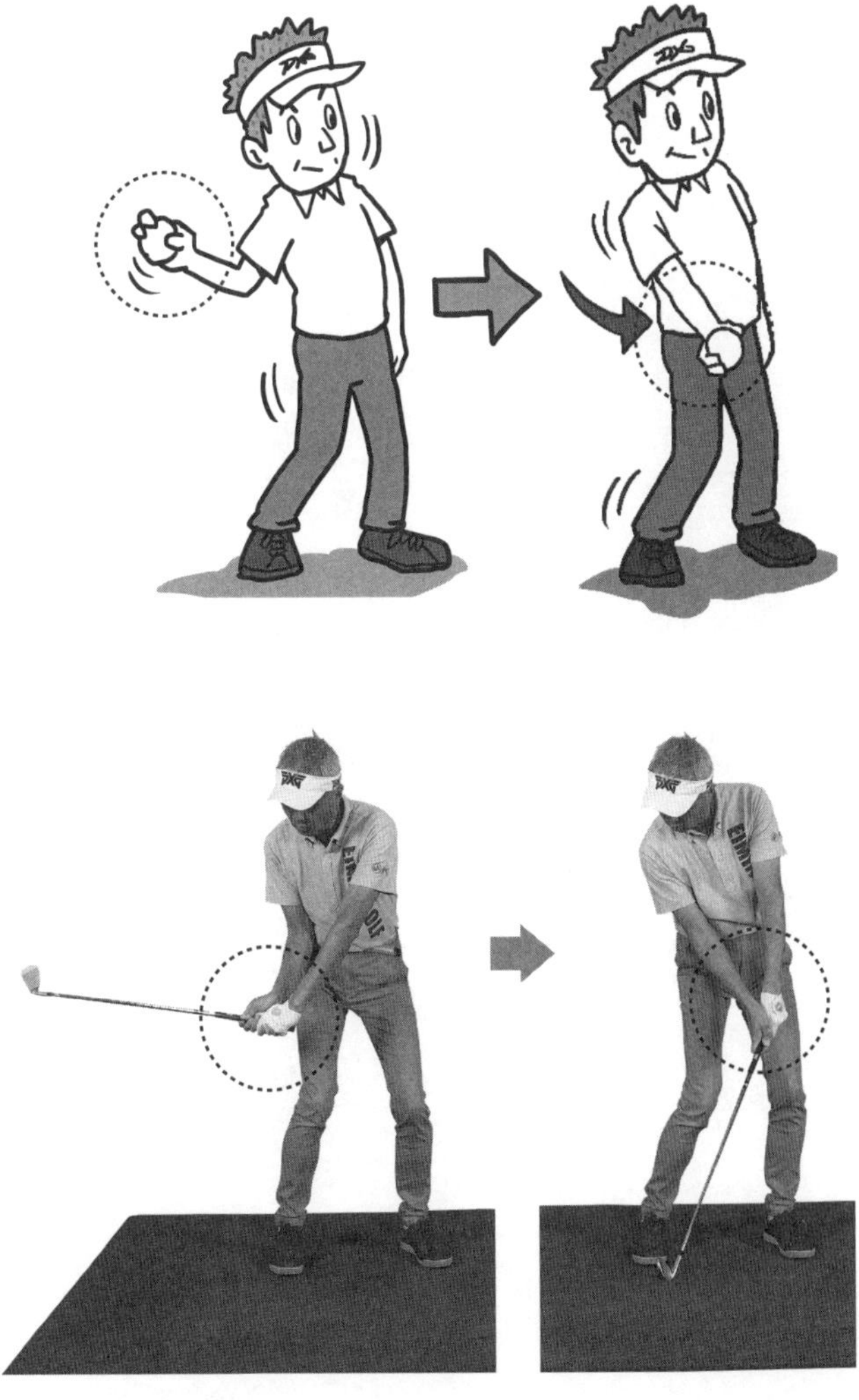

この両肘の向きは、本書で説明しているクラブローテーションを行うための最大のポイントとなりますので、正しいセットアップと動きを理解してください。

そのためにも、**アドレスする時には、両肘をできるだけ腰骨のほうに向けてセットしましょう**（図19）。そして、**その肘の状態を変えずに前腕だけを回してグリップを作ります。**グリップをあまり絞りすぎると肘が張ってきますので、やわらかく、しかも密着したグリップを作ることが大切です。

この準備と動きを理解すると、スイング中に右肘が体からあまり離れず、体の近いところを通過するようになり、スイング軌道がぶれにくくなります。また、肘が下に向いていることで、前腕のローテーションがやりやすくなります。サイドスローのイメージでクラブを横に振るために、セットアップの段階で、効率よく動ける準備が必要なのです。

この動きを理解する意味で、試しに肘を下に向けたまま位置を変えずに、開いた手のひらを右→左と回転させてみてください（80ページ図20）。このローテーションの仕組みを体感できると思います。

また、左肘も下を向くことで、インパクト以降で左脇があきにくくなり、フォローでヘッ

## 図19　肘のセットアップでスイングが大きく変わる

両肘が腰骨を指し、肘の内側が上を向いている。
肘をたたむ準備ができている。

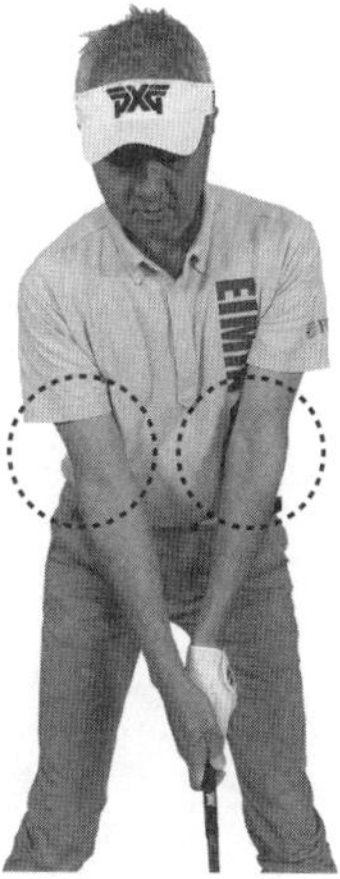

背中から腕が見えない。上腕が胸の筋肉（大胸筋）の上に乗ったアドレス。

肘が張っていてスムーズなスタートができない。
右肘もたたみにくい。

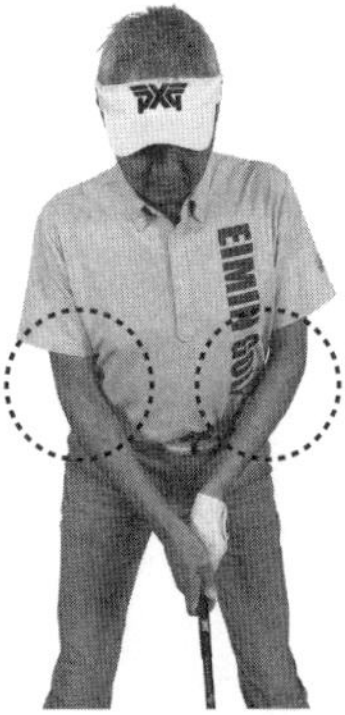

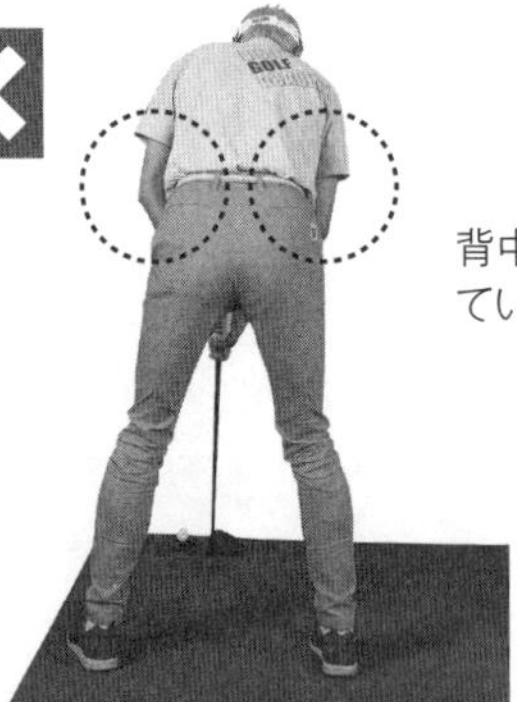

背中から肘が見えていてはダメ。

ドが走る動きを作りやすくなります。左肘が外に向いていると、ダウンスイングで左肘が右手に押されて外に張り出してしまい、クラブローテーションができなくなってしまうからです。

クラブローテーションは左右の前腕の回転がカギになるので、アドレスでのセットアップの段階で、効率よく動ける準備が必要です。

## ▼下半身でリズムを作る

上半身の基本動作を理解したら、下半身で作るリズムに目を向けてみましょう。

クラブローテーションや飛距離アップは、上半身や腕の力だけでできるものではありません。メインエンジンとなるのは、クラブが回転する力を作り出す下半身の動きです。

腕の力で振ろうとすると、力で筋肉や関節が硬直して、うまく動かなくなってしまいます。メインエンジンである下半身が動いているからこそ、上半身の力を抜いてクラブを振ろうとする意識が生まれるのです。

図20　ローテーションでの右腕の動きを体感するドリル

右手のひらを飛球線に直角にして、体の正面で構える。

右肩の後ろ方向へ動かすとともに、右前腕を回転させる（右腕の外旋）。

元の位置に戻す。

左肩の後ろ方向へ動かすとともに、右前腕を回転させる（右腕の内旋）。

とはいえ、しっかりタメを作った下半身リードのスイングをマスターするのは一朝一夕にはいきません。そのためにも、まずは下半身でリズムを取れることが重要。そうしていくうちに、下半身の力でスイングできるようになる、と理解しておいてください。

よく見受けられるのは、下半身リードを作ろうとするあまり、下半身だけ動かして上半身にその力が伝わっていないパターンです。俗にいう上と下がバラバラというスイングですね。これでは何のために下半身を動かしているのかわからなくなります。

確かに形は大切ですが、膝や腰などの個々の場所の意識よりも、これまでお話ししたような、軸を基準とした足の裏の体重移動や、股関節の動きを意識しながら、リズムを失わないように振ることが大切です。

下半身の動きに関しては、正しい「形」にこだわりすぎずに、自分のリズムで気持ちよく振ることを何より心がけてください。まずは球を意識せず、このあたりをヘッドが通れば球には当たるはずだなぁ、くらいの感覚で十分です。

そのため、最初は球を打たずに、素振りで練習してみましょう。その時に、１本足打法のようにバックスイングで左脚を上げて、フォローでは右脚を上げる練習や、声に出して

「ワン～ツー」とゆっくりリズムを取りながらスイングする練習をしてみてください（「ワン」で始動からトップ。トップの位置でいったん支度《したく》するために「～」で少し間《ま》を取り、「ツー」でダウンスイングからフォロー）。

その練習をしてから球を打ち始めると、初めはうまくいかないかもしれませんが、不思議とリズムを大切にスイングしたほうが、ミスが少なくなっていくのを感じられるようになるはずです。

いままで覚えたことのすべてを、いくつも同時に意識しながらスイングできるものではありません。

頭が理解した動きは、リズムよく振ることで少しずつ体が表現できるようになっていきますので、それを信じて練習してみましょう。

＊

ここでお伝えした基本動作は、これから読み進めるにあたってとても大切な要素です。この先もしスイングに迷ったら、いつでもこの章に戻って基本動作を確かめてみてください。

スイングがおかしくなった時は、たいていセットアップや基本動作が変わってしまって

図21　下半身のリズムをつかむドリル

1本足打法のように右足に加重したら、そのまま切り替えてクルッと向きを変える動きでスイングする。
野球のように左方向へスライドするのは、ゴルフスイングではNG。
左膝をできるだけ流さない

います。それは私たちプロでも同じことなのです。

技術は基本の上に成り立っていますから、基本に戻ることを躊躇《ちゅうちょ》せず、うまくいかなければ基本の確認がいつでもできるよう、この章の解説をよく理解しておいてください。

# 第2章

◇意識するのはインパクト～フォローの「フェース面」！

# 「腕の動き」を知るだけで、球のつかまり方が変わる

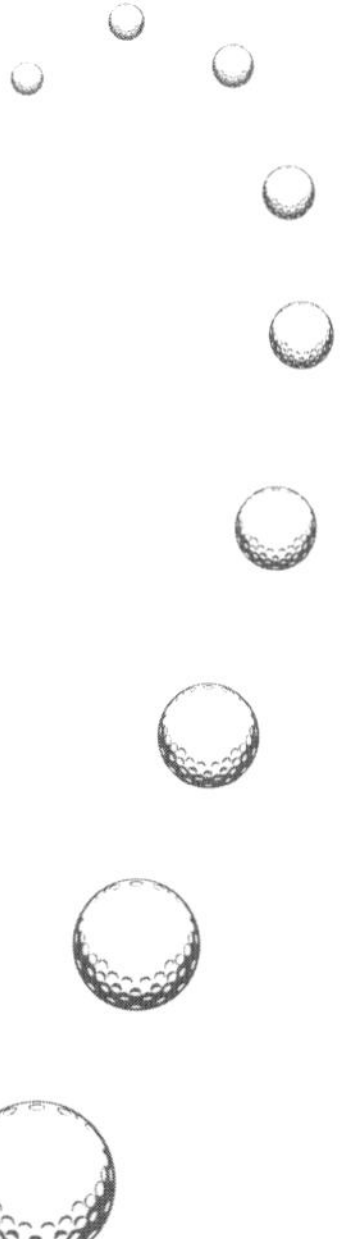

前章でお伝えした体の動きは、スイングのメインエンジンとなる動きです。体を前後に動かすことで、背骨や上体が回転し、その回転に腕やクラブがついてくるのが理想のスイングです。では、体の回転に追随する腕やクラブには、どのような動きが必要なのでしょう? よく、脇を締めるとか、頭を残すとかいわれますが、それらは正しい動きを助けるための補助的なアドバイスでしかありません。本来であれば、クラブを横に振るための正しい腕の動きを知って、体が回転した時に腕が自然にその回転についていけるような動きを覚える必要があるのです。

この章では、まず腕の動きを正しく理解し、腕の動きだけでも球がそれなりに目標へ打ち出せるようになるための解説をしていきます。

## ▼フェース面の動きをテニスラケットに重ねてみる

ゴルフはテニスや卓球などと同様に、平面で丸い球を打つ競技です。ただ、テニスや卓球よりも、ゴルフクラブのフェース面は手の近くになく、グリップからかなり離れたところにあります。また、ゴルフクラブにはクラブごとに違ったロフト角がついています。そのため、多くの人はわかってはいても、ゴルフクラブを面としてとらえることが苦手なようです。

ゴルフクラブにも面はありますから、高さやインパクトのポイントは違っても、面そのものの動きは、テニスラケットのそれととてもよく似ています。ということは、その面を動かす腕の動きも似たような腕の動きになるはずです。正確に例えると、テニスラケットで球にトップスピン回転をかける打ち方が、ゴルフスイング時の腕の動きだと考えてください。

ラケットで強い球を相手のコートに打ち返そうと思った時、面を上に向けたアッパース

ラケットの面の向きとフェース面の向きが同じ。

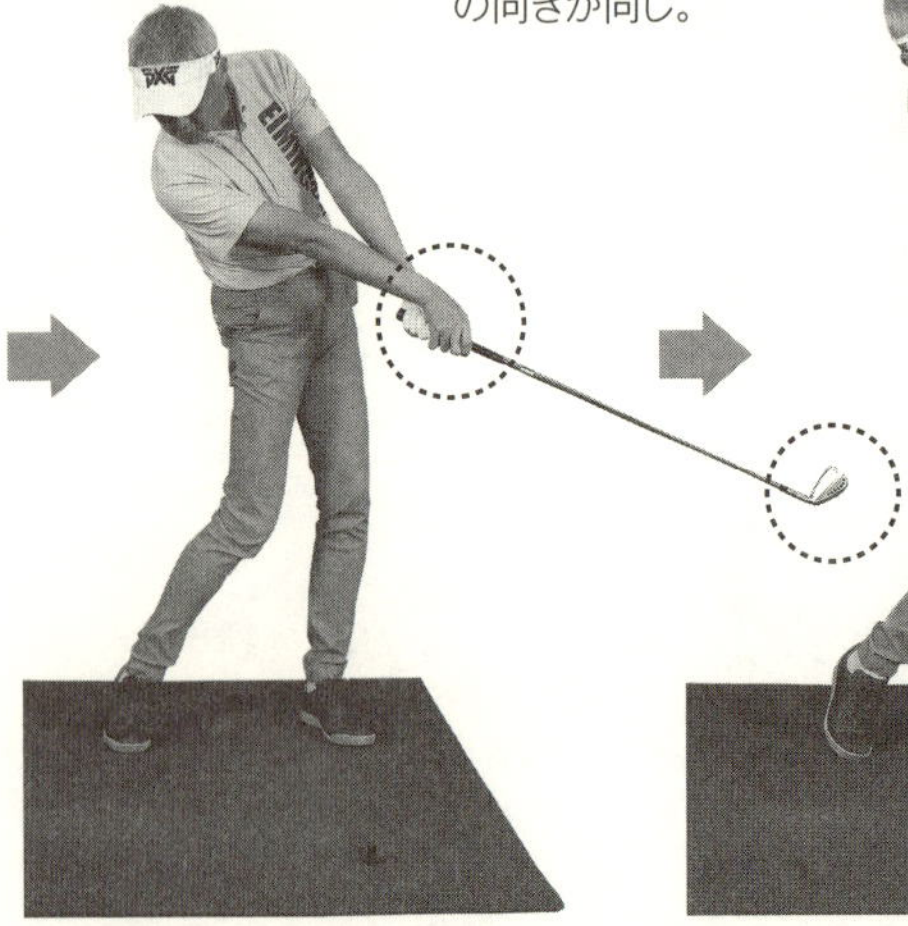

図22　テニスラケットでフェースの動きを覚えるドリル

右手（右手のひら）を意識し、ラケットの面と同調していることを確認する。

テニスラケットで意識したラケット面の動きは、ゴルフクラブのフェース面でも同じになる。

イングで振るでしょうか？　そうではなく、横の動きで球をとらえて、強く押し込もうとするはずです。

ゴルフクラブも、特にインパクトゾーンでは、飛球線上をできるだけ長くヘッドが動いているほうが、強い球を打つことができます。その時に、トップスピンをかける場合は、面を地面のほうへ少しずつ倒していくような、自分から見て左にラケットを回転させる動きが入ります。

この動きはとても重要で、クラブのフェース面も同様に、左に回転しながら動いていきます。この動きが本書で伝えているクラブローテーションの動きなのです。

## ▼バックスイングの動きでダウンスイングが決まる

クラブローテーションを効率よく行うためには、アドレスのセットアップからバックスイングでの準備動作がカギになります。

まずは、前章でお話ししたように、アドレスで両肘が無理のない程度に体（腰骨）のほ

図23　アドレスでは両肘の向きに注意

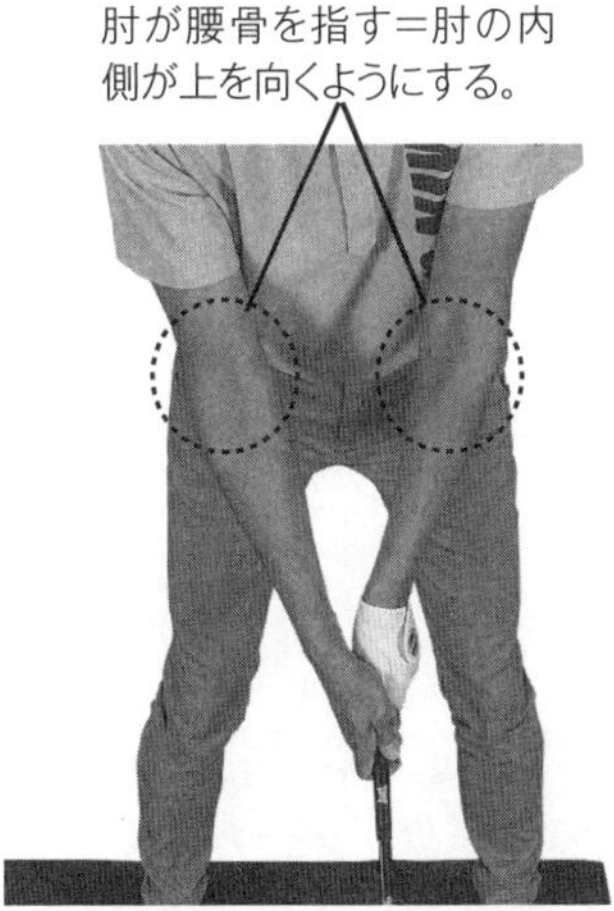

肘が腰骨を指す＝肘の内側が上を向くようにする。

うを指すようにセットアップしてください。すると、前腕部は内側が上を向いた状態になっているはずです（図23）。

この状態をアドレスで作っておけば、アドレスの再現であるインパクトでも、肘が外側に張ることなく、常に体の正面に腕をキープしやすくなります。肘が外向きに張っているアドレスでは、バックスイングが始まったと同時に、脇があいて体から腕もクラブも離れてしまいます。これでは体の回転エンジンのパワーは、効率よく腕やクラブに伝わりません。

バックスイングでは、前章でお話ししたように体の前後の動きを意識して、右肩を後ろに引く動作で右に向きます。この時、腕からクラブを動かし始めるのではなく、**軸を保ちながら、左肩を右足の前のほうに押し込むことで右肩を後ろに引くことから動き出すのがポイント**です。

トップではヘッドは頭
から遠くに上がるのが
理想。

シャフトが背骨と垂直
で、ヘッドが頭から離
れている。

### 図24　「左の肩甲骨」から始動する意識で

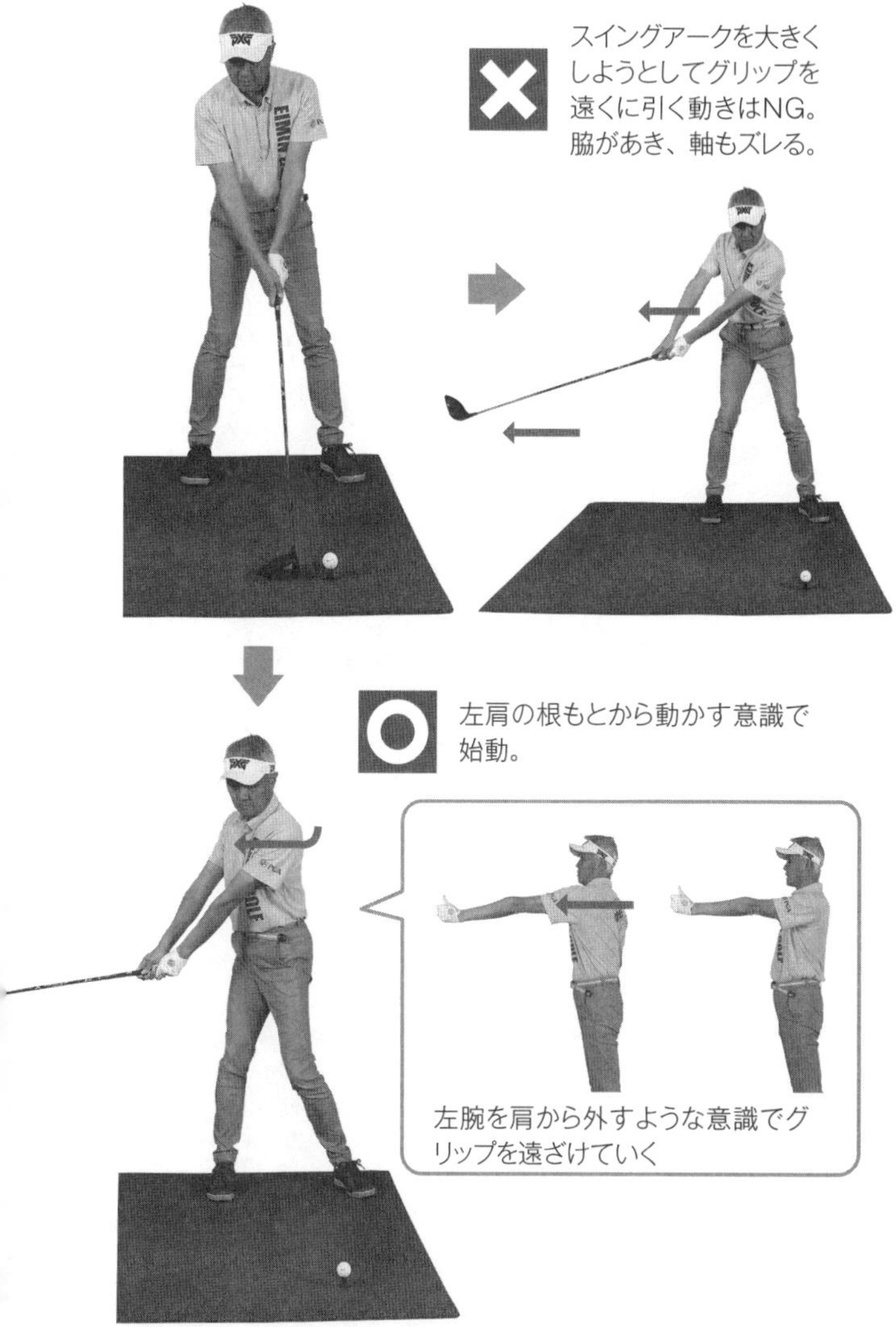

✕
スイングアークを大きくしようとしてグリップを遠くに引く動きはNG。脇があき、軸もズレる。
◎
左肩の根もとから動かす意識で始動。
左腕を肩から外すような意識でグリップを遠ざけていく

両肘のセットアップができていれば、右肘はバックスイングでシャフトが地面と平行になったあたりから、自然にたたまれていきます。

アドレスで両肘のセットアップができていたとしても、バックスイング時に右肘が体の外側に張り出してしまう人は、腕に余分な力が入っているか、もしくは最初から腕を使ってクラブを横に上げようとしていると考えられます。

右肩を後ろに引く動作をトップで作ると、少し窮屈な感じもするでしょうし、右手の力が殺されているようにも感じるかもしれません。ですが、みなさんもご存じの通り、トップでは力《りき》まないことがいいスイングの条件です。したがって、力めない、頼りないくらいの状態のトップでちょうどいいのです。

また、トップではフルスイングの場合、両肘はできるだけ地面を指している状態が理想です。特に右肘はきちんと下を向いているかどうかに注意を払ってください。ここでの肘のポジションが、クラブローテーションを作るための重要なポイントになります。

## ▼肘は第2のエンジン。ヒンジの動きを覚えよう

トップの形が作れるようになったら、ここからは体の動きとシンクロして動く腕の動作が必要になりますが、この章では、腕の動作に特化して解説しています。この腕の動作が理解できれば、体を動かした時に自然にクラブがローテーションしながらついてくる動きが作れるようになるからです。

トップで下を向いた右肘は、切り返し直後はその角度や位置を大きく変えることはありませんが、体がまだ右を向いているうちに、少しずつクラブローテーションの動きは始まっていきます。ここで大切なのは、右肘を支点とした前腕の動きです。

右肘を支点とした前腕の動きのことを、「ヒンジ」を使って動かすと表現しています。

この腕の動きを体感する目的で、クラブを持たずに左手のひらをトップでできた右肘の下に置き、体に対してシャフトが横に動くイメージを持って、体と肘の位置関係を変えないように、右前腕を左方向に回転してみましょう（図25）。

すると、前腕内側の肘に近い部分を上に向けたまま、手首や手のひらを左にクルリと回すことができるはずです。この回転の力をシャフトに伝えることがクラブローテーションです。

肘を支点に前腕を回転させることで、手首の動きでクラブが余分な動きをすることなく、シャフトそのものが回転するローテーションになるのです。

この肘の動きは、体の回転の力をクラブに伝える時に、さらに大きな遠心力を生む原動力となります。体の回転とシンクロして、軸回転から逸脱することなくクラブをローテーションさせることができれば、クラブのスピードは格段に上がっていきます。しかも、肘は体の正面にあるので、体が生み出すパワーもしっかりと伝えることができるのです。

## ▼インパクトのフェースの向きに意識を向けてはいけない

クラブが回転すると、インパクトでフェース面が直角に当たらないような気がして、ついつい力を入れてフェース面の向きを動かさないようにしてしまいがちです。

## 図25　右肘の使い方を覚えるドリル

トップの右腕の位置の肘の下に左手のひらを置く。

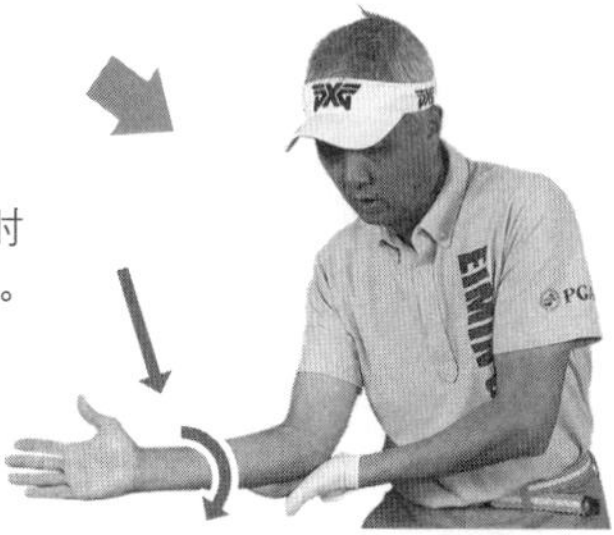


左手は右の肘の下に置いたまま、右前腕を左に回転させていく。

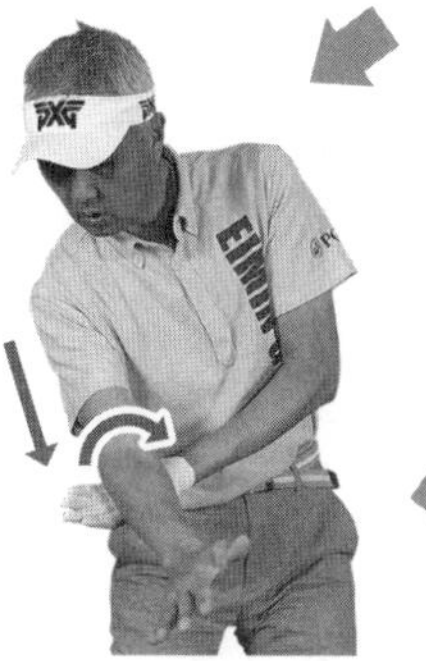

右前腕は体の回転と同調しながらV字を作り、左肩の左上を目指していく。右肘を下に向けたまま回転できることを確認しよう。

スイング中、クラブはローテーションをしているわけですから、フェース面も回転しながら動いているので、フェース面の向きを極端に気にしすぎると、ローテーションそのものの動きが止まってしまうので注意してください。

ダウンスイングでローテーションが始まると、クラブヘッドは左回転をしているので、フェース面は飛球線に対してかぶったような感じがするはずです。ですが、前傾姿勢を保ちながら正しくローテーションがされている場合、フェース面は球に向かって下りてきます。それを「かぶった」ととらえてしまいがちなのですが、ロフトが立ってくるような動きといえます。それこそがダウンスイング時の正しいフェースの角度なのです。

ただし、**前腕ではなく手首でフェースを返すような動きをしている場合は、フェースは飛球線に対して左を向いてしまいます。いわゆる「こねる」という状態**です。

また、球を上げようとしてフェース面が上に向いてくる人は、前腕のローテーションがほとんどされていないといえます。ダウンスイングでの正しい動きは、フェース面が球に向かっていく動きを強く意識しながらスイングしてみましょう。

## ▼誤解されやすいフォローでのフェース面の正しい向き＞＞＞動画

クラブローテーションが適切に行われると、**フォローではフェース面が目標方向に向いていく**ことになります。

プロの連続写真などを見てもらえばわかると思いますが、インパクト以降では右手のひらが地面を向き、そこから徐々に右手のひらは目標方向へ向いていくのがわかると思います。右手のひらとフェース面は同じ向きを保っていますので、フェース面が目標方向へ向く動きが正しいフォローなのです。

こう説明すると、プロのフォロースルーを切り取った写真などでは、フェース面が後ろ（ゴルファーの背中側）を向いている様子が写っているので、違和感を持つ人がいるかもしれません。

しかし、それはヘッドが遠心力に引っ張られて瞬間的にそのような向き（ゴルファーの背中側）になっているだけであって、スイングする側の意識としては、インパクト後もク

✖ 打ったあと、下からすくい上げるような動きにならない。

図26　フォローではフェースが目標方向を向くのが正解

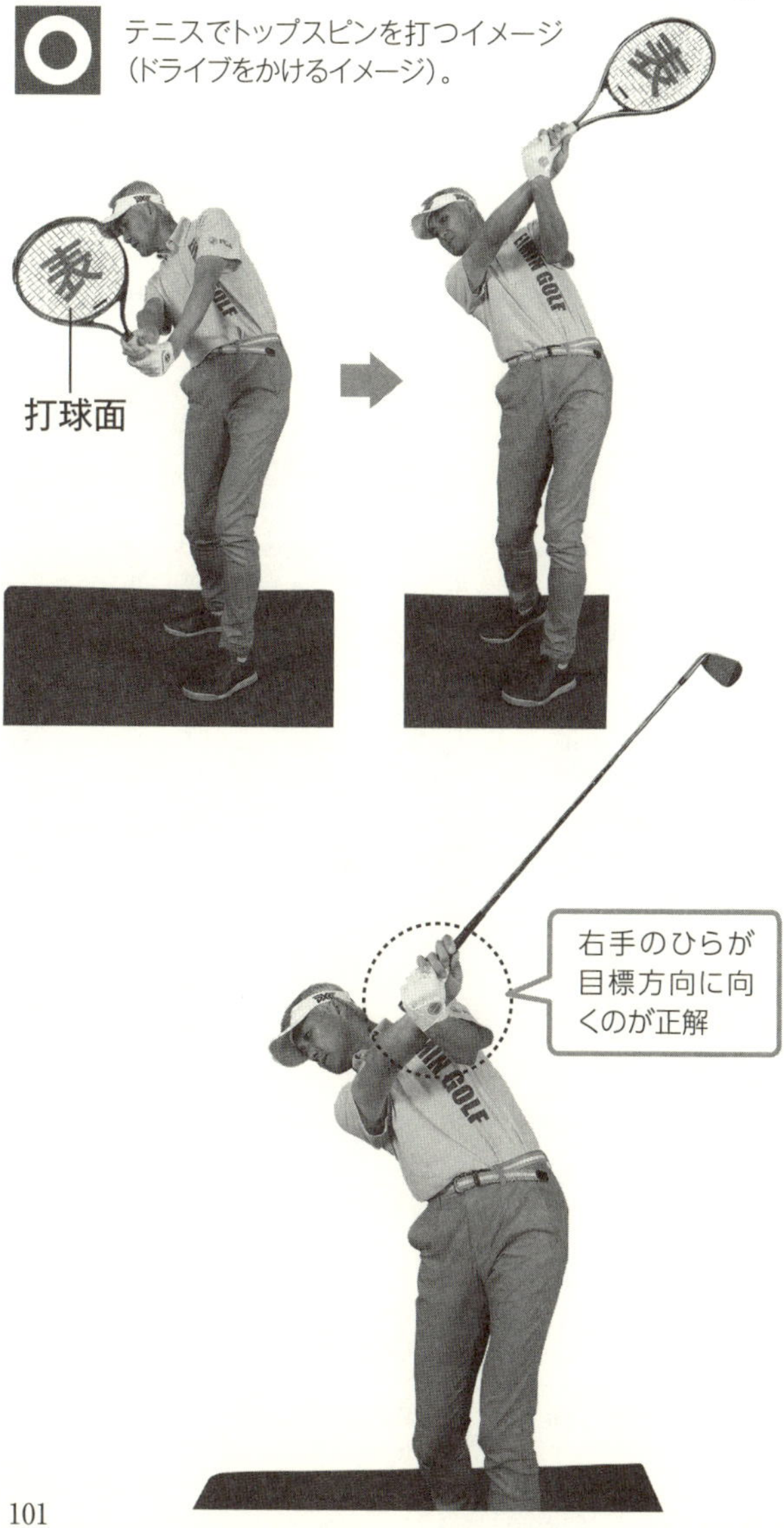
◎
テニスでトップスピンを打つイメージ
（ドライブをかけるイメージ）。
表
表
打球面
右手のひらが
目標方向に向
くのが正解

ラブローテーションを続ける中で、フェース面を目標方向に向けていくのが正しいフォロースルーなのです。

この説明でピンと来なければ、フォローでは常に体のライン（両肩のライン）に対してフェース面が垂直の角度を保っているようにする、という意識でもかまいません。

この動きはすぐには理解しづらい方もいると思いますので、右手だけを使って次の動作を行って、イメージをつかんでみるといいでしょう（図27）。

まずは右手のひらをベルトの前で目標に向けて構えます。

そこから右手だけを右肩の右上に上げてください。その後、元の位置に戻してから、今度は手首の角度を変えずに左肩の左上に上げていくのです。要は、トップとフィニッシュの位置に右手だけを動かすイメージです。

この一連の動きの間ずっと、右手のひらは最後まで目標を向いていませんか？　この動きをクラブを持ってスイングに取り入れると、フォローでは右手のひらと一緒にフェース面も目標方向へ向く動きになっているはずです。

慣れてくると、この動きがフェース面の左右の角度を変えない動きであると体感してく

図27　フェースの向きを右手のひらで体感するドリル

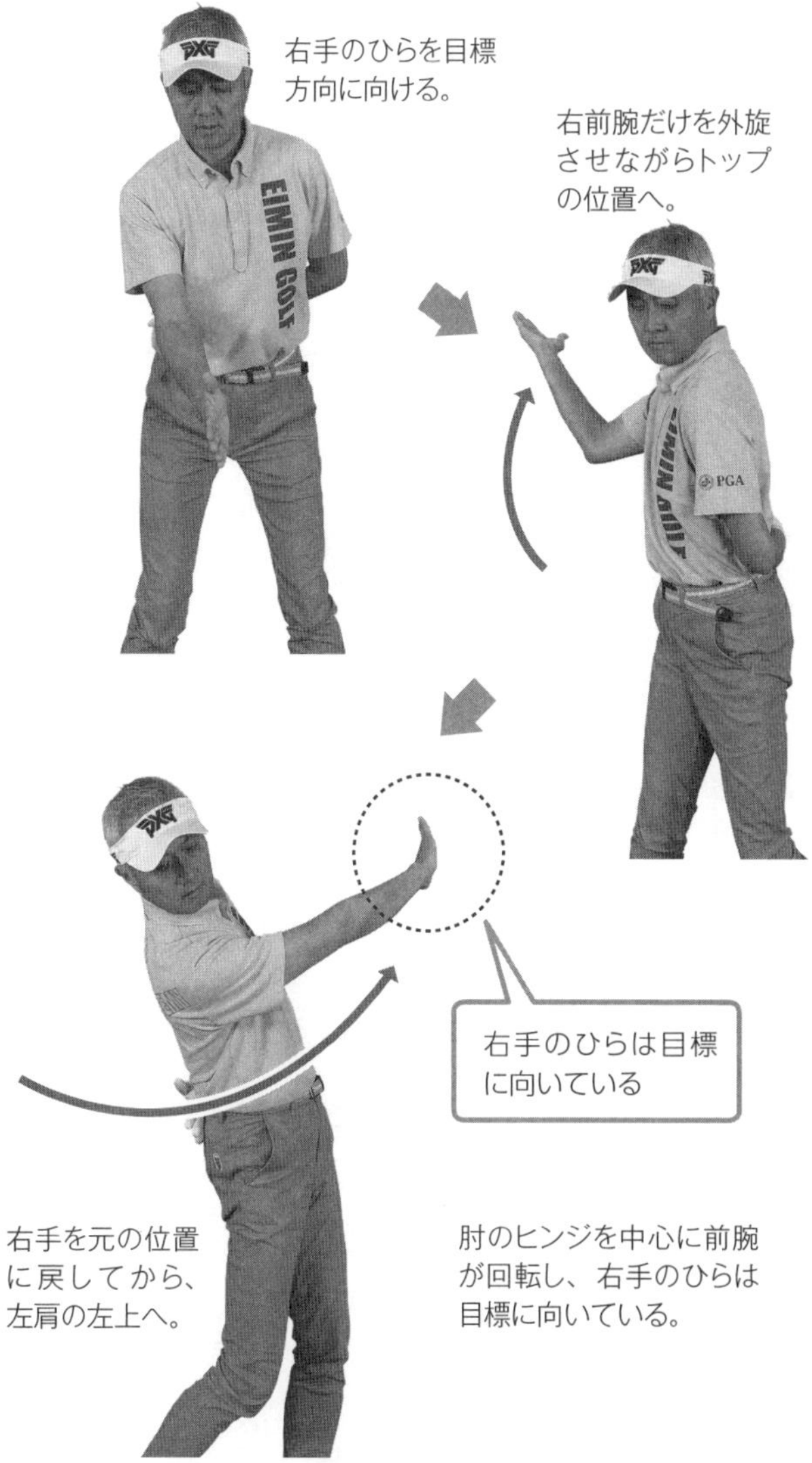
右手のひらを目標
方向に向ける。
右前腕だけを外旋
させながらトップ
の位置へ。
右手のひらは目標
に向いている
右手を元の位置
に戻してから、
左肩の左上へ。
肘のヒンジを中心に前腕
が回転し、右手のひらは
目標に向いている。

るでしょう。それでも最初は違和感があると思いますので、自然にクラブローテーションができるようになるまで、この腕の動きを意識して練習してみてください。

## ▼曲がりを恐れずにトライしよう！

クラブローテーションにおける一連の腕の動きをお話ししてきました。最初は引っかけ気味の球が出るかもしれません。ですが、腕の意識を強く持って練習している時は体は止まりやすくなります。

体が止まればヘッドが急激に返ってしまい、引っかけるショットになりやすいものです。ローテーションに必要な腕の動きを覚えるための期間は、球の曲がりを気にせずに、前腕の動きに集中して練習を繰り返してみましょう。

左に出る球であっても、左に真っすぐ飛んでいくのであればそれほど間違った動きにはなっていないはずです。反対に、出球が真っすぐだったとしても、途中から大きく左にカーブしていく球の場合は、手首の動きが強く作用していると思われます。

図28　うまくローテーションできた時のトップとフィニッシュ

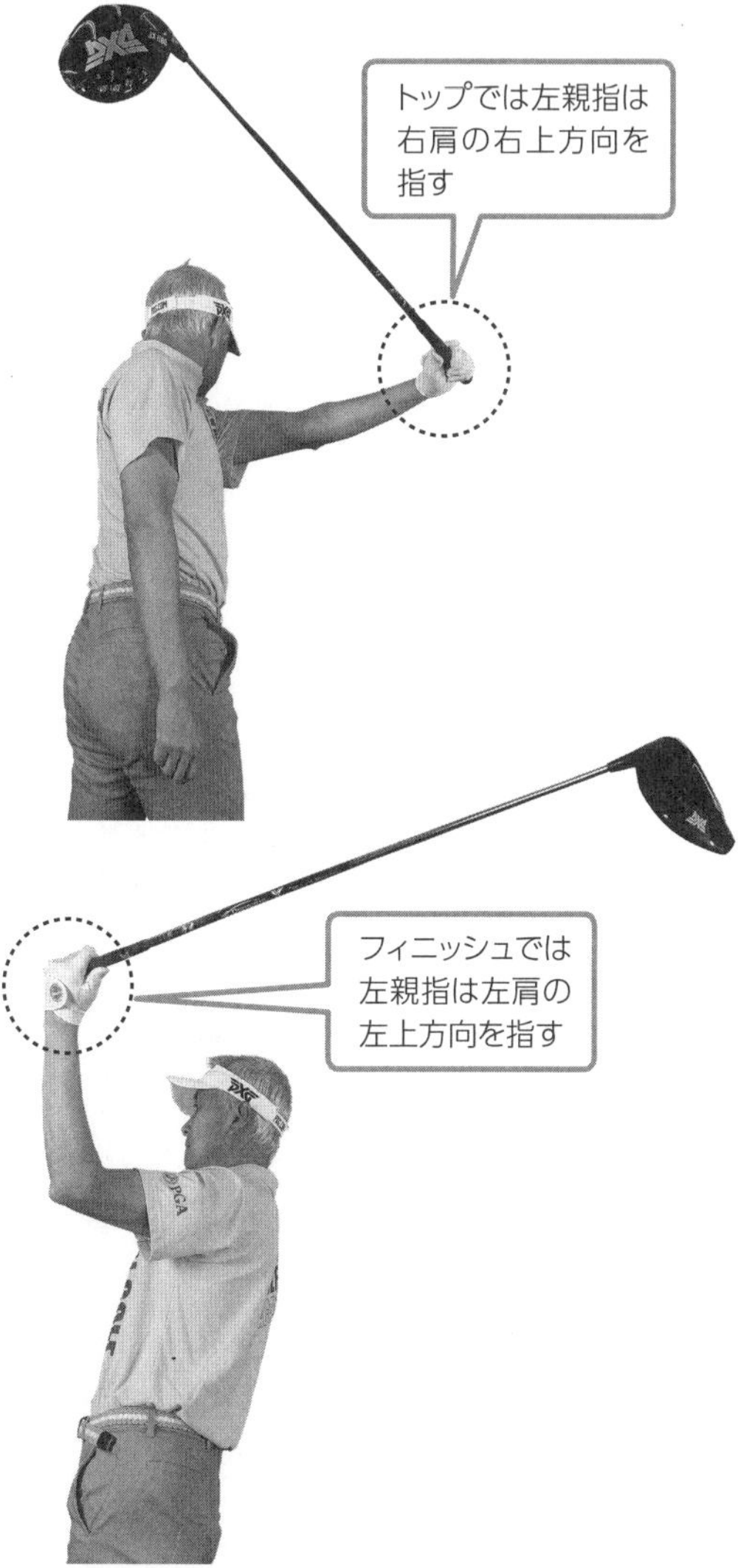

うまくローテーションができると、左手の親指が右肩の後ろを指すトップの位置から、フィニッシュで左肩の後ろを指す位置まで、左右均等の動きで振れるようになります。右肩に上がったクラブが、ヘッドの慣性力で自然に左肩を目指して動くように感じ取れるはずです。

この段階ではインパクトで球に当たるかどうかではなく、球の位置を通過すればよいくらいの意識でスイングの練習をしてみましょう。

ここでのキーワードはあくまでも前腕の回転です。このあと腕の動きで作ったローテーションを体の回転と組み合わせていきますので、まだまだ球の行方は考えすぎずに、しっかりつかまった球が、力みのない前腕のローテーションで作り出せるかどうかに主眼を置いて練習してみてください。

第3章

◇腕と体の動きはこうしてシンクロさせる！

# 「第2の正面」で、いまだかつてない飛びが実現

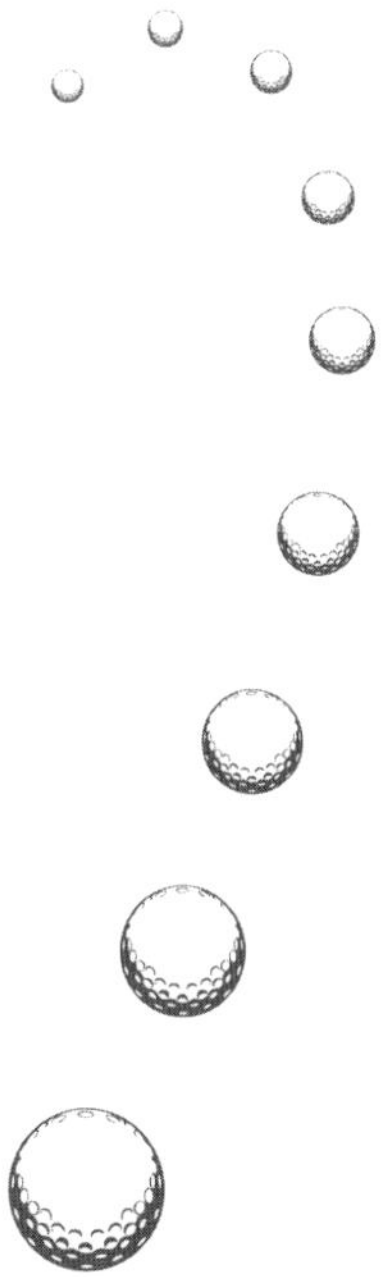

前章で腕の役割を理解できたら、次はその腕の動きを体の動きに同調させるための練習が必要です。ある程度、正しい腕の動きを理解した段階で、その腕を動かすエネルギーを体が作り出せば、腕は勝手に動いてくれます。

正しい動きを理解したということは、間違った動きを矯正《きょうせい》しようとする意識が生まれたのと同じことですから、ここでは、どのように体を使ったら腕とクラブのローテーションを引き出せるのかについて、スイングの順を追う形で解説していきます。

## ▼バックスイングは〝肩〟から動かし始める

アドレスで前傾姿勢を取り、両肘を両腰骨に向けてセットします。この際、クラブが短い時ほど、ハンドファーストに構えます。

スイングの初動は必ず軸に近い体の部分を動かすことで始めます。具体的には、前章でお話ししたように左肩を押し込むことで右肩を後方に入れていく動きをきっかけにするといいでしょう。自分が自分の背骨を上からつまんで回すようなイメージを持つのも効果的です。

ここで注意したいのは、「肩」とは腕の付け根のことではなく、「肩をもんで」といった時にもんでもらう場所です。正確には「（左の）肩甲骨を入れて、右肩を押し込む」という表現が正しいと思うのですが、一般的に肩ということが多いので、勘違いしないようにしておきましょう。

肩甲骨から動かさずに、腕から始動してしまうと、グリップが最初から体の中心を外れて、スイング軌道が乱れてしまうので気をつけましょう（93ページ図24参照）。

肩甲骨を使ったスタートは慣れないと難しい動きですが、軸の意識がしっかりしていれば右サイドが後ろに押し込まれることでスムーズに動き出せるようになります。

この段階ではあまり腕は動かさずに体の動きについていきて、フェース面を開かないよう注意しながら、バックフェースを先頭に少しずつ円を描いていきます。

## ▼自然に理想的なトップが作られるクラブの上げ方

腕がベルトの位置に差しかかるくらいから、右前腕の外旋運動を開始します。そして、左腕を半径とする軌道でクラブを上げていくと、グリップとクラブは右肩の右上に向かってやや開きながら上がっていきます。

外旋運動がうまくできると、右の肩甲骨は少しずつ開いていき、肩が後ろに引き込まれるような動きになります。体の硬い人でも右肩の可動域は広がりますので、この動きはぜひ覚えてください。

## 図29　バックスイングからトップまでの動き①

×　クラブをかつぐように肘をゆるめて曲げて肩に上げると、左腕の作る半径は小さくなり、ゆるんだトップになる。手首も開きやすい。

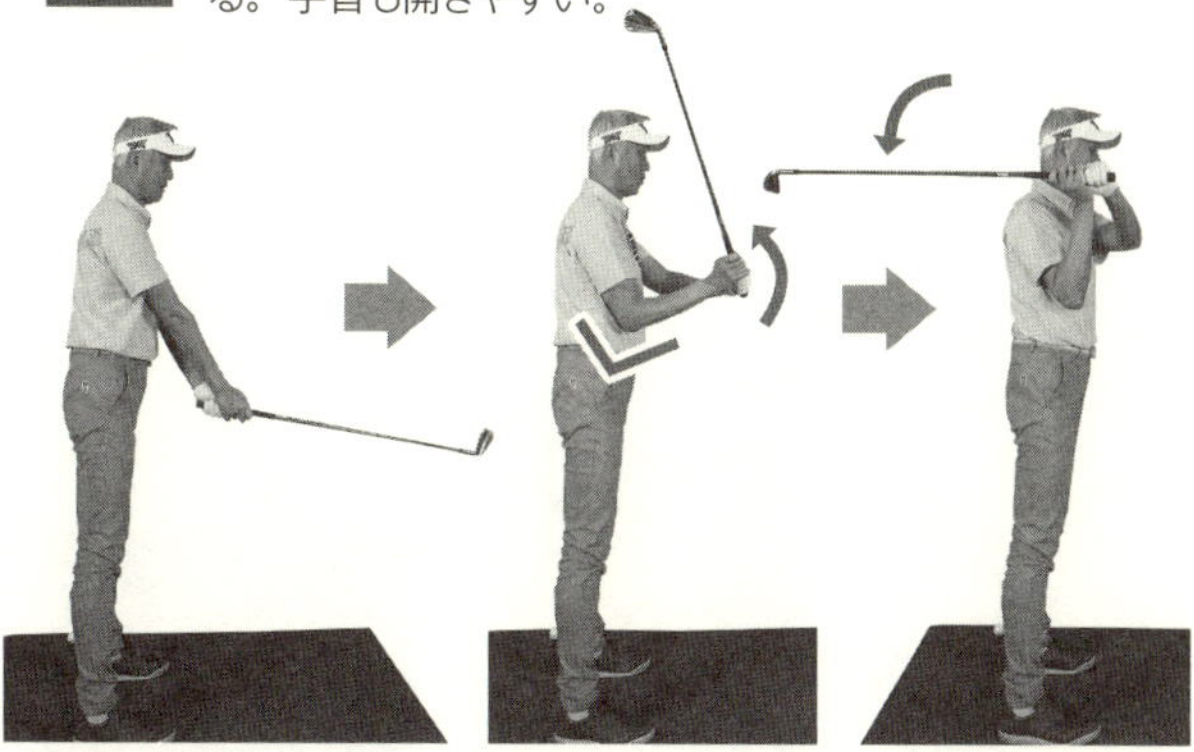

◎　左腕をできるだけ伸ばしてグリップを遠ざけながら上げれば、半径の大きい円が作れて、懐の深いタメのあるトップができる。手首も開きにくい。

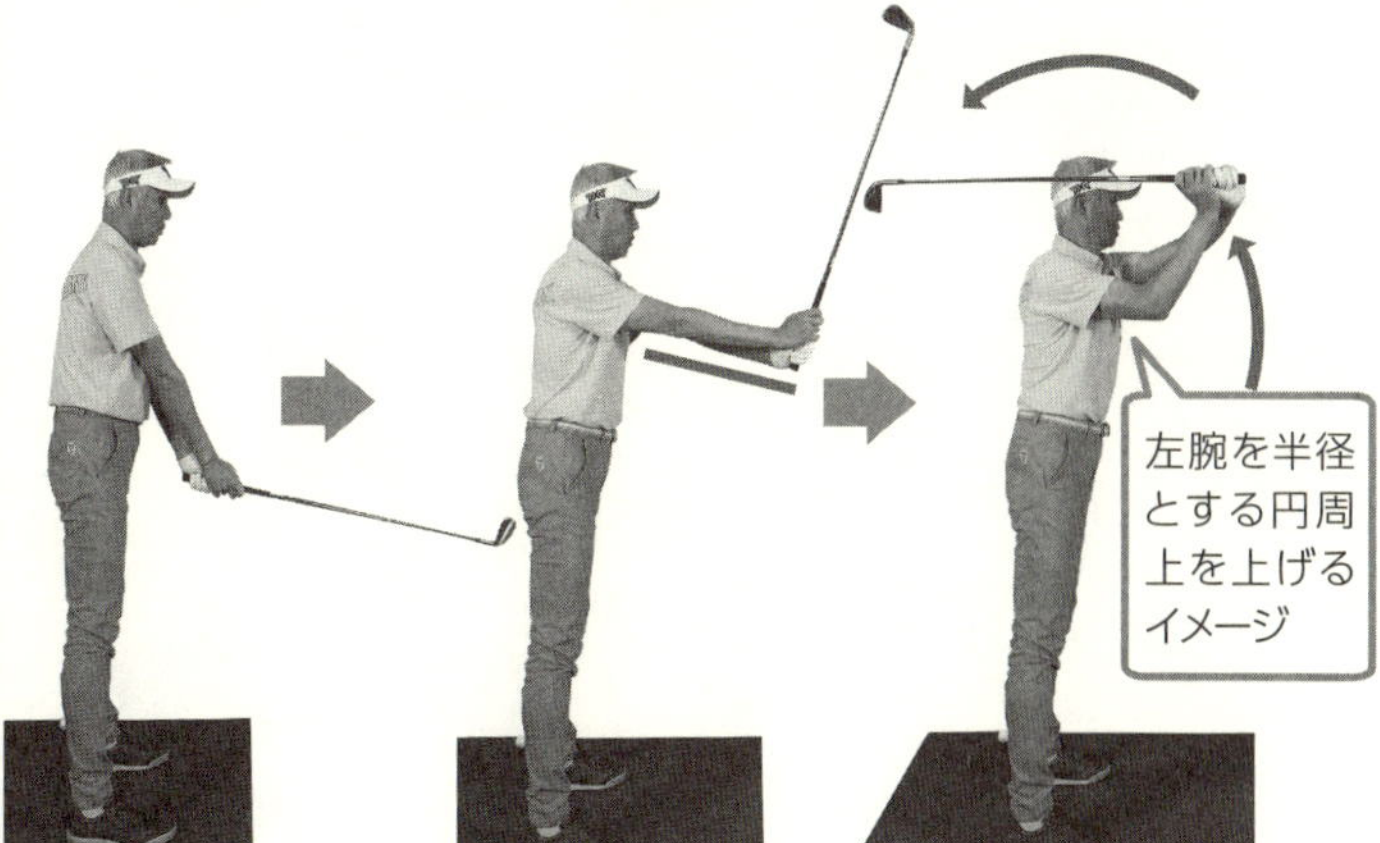

<正面>

左肩は体の中心を追い越している。体の硬い人は左肩ごしに球を見ればOK。

## 図30　バックスイングからトップまでの動き②

<後方>

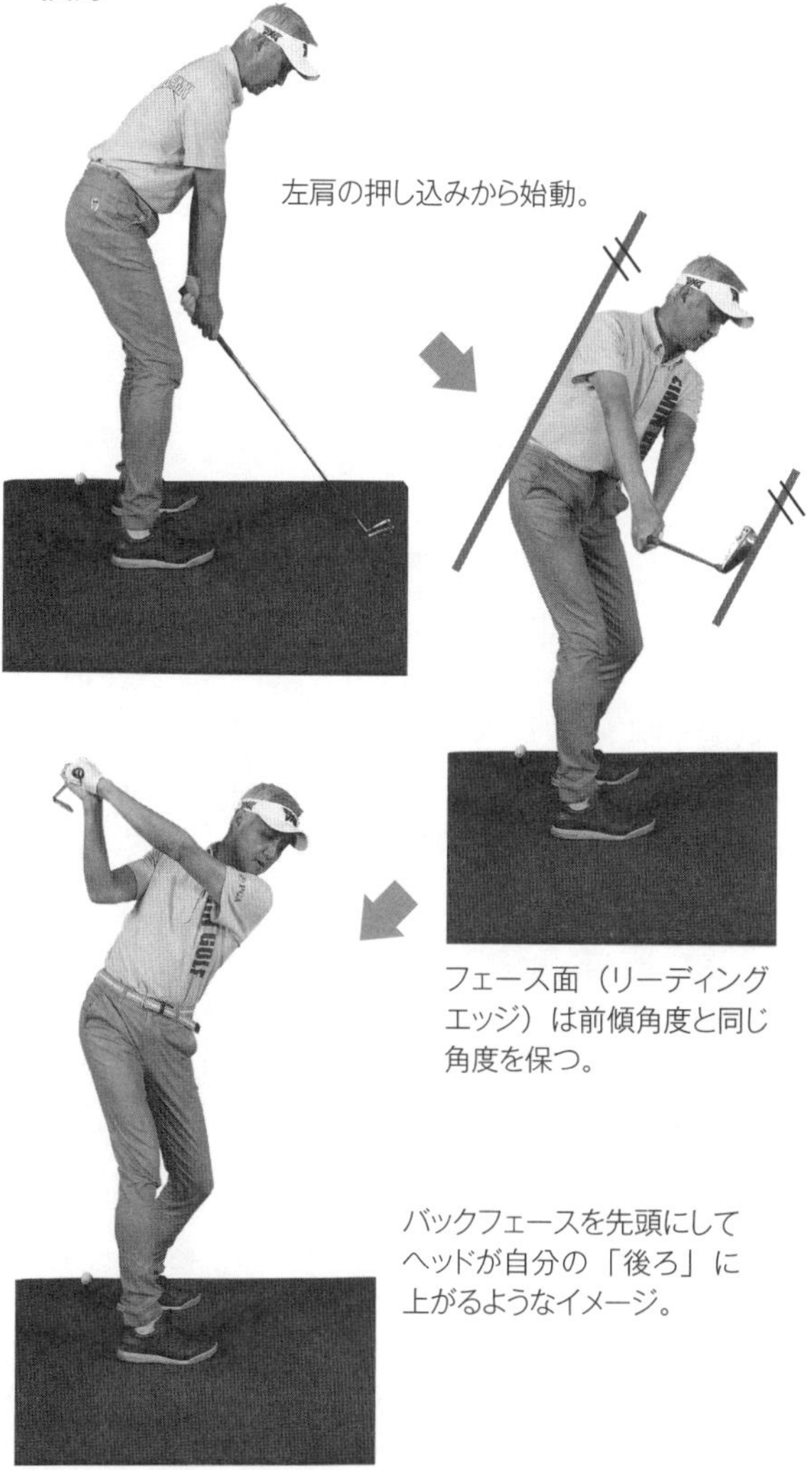
左肩の押し込みから始動。
フェース面（リーディングエッジ）は前傾角度と同じ角度を保つ。
バックフェースを先頭にしてヘッドが自分の「後ろ」に上がるようなイメージ。

トップで右前腕の外旋が重要なことは、次の動きで実感できます。

まず、肘をやや曲げた状態で両腕を体の横に広げます。そこから両前腕を外旋させると肩は下がりリラックス状態になります。逆に、内旋させると肩は盛り上がり、腕全体が緊張状態になります。

よくトップでシャフトがクロスする人は、右前腕が内旋して肩が上がり、肘が張って上体が十分に右を向けずに、トップが窮屈になってしまっています。この外旋運動は、両肘からヘッドまでの全体で行われることが大切で、腕だけを外旋しようとすると手首だけが折れてしまってローテーションの準備が整いません。フェースがやや開いたと感じる状態で、右肩の右上にクラブが上がっているトップが正解です。

開いたクラブは閉じようとしますが、開くことを恐れて閉じたまま上げられたクラブは、ダウンスイングで反対に開こうとしてしまうので注意が必要です。

また、この外旋運動でトップが作れると、右腕はある一定以上開けないので、自然にトップの位置が決まってきます。腕は一定の角度以上に後ろへは行きませんから、前腕を外旋したとしても右肩の右上くらいで腕は勝手に止まります。

## 図31　トップの正しい位置を体で覚える

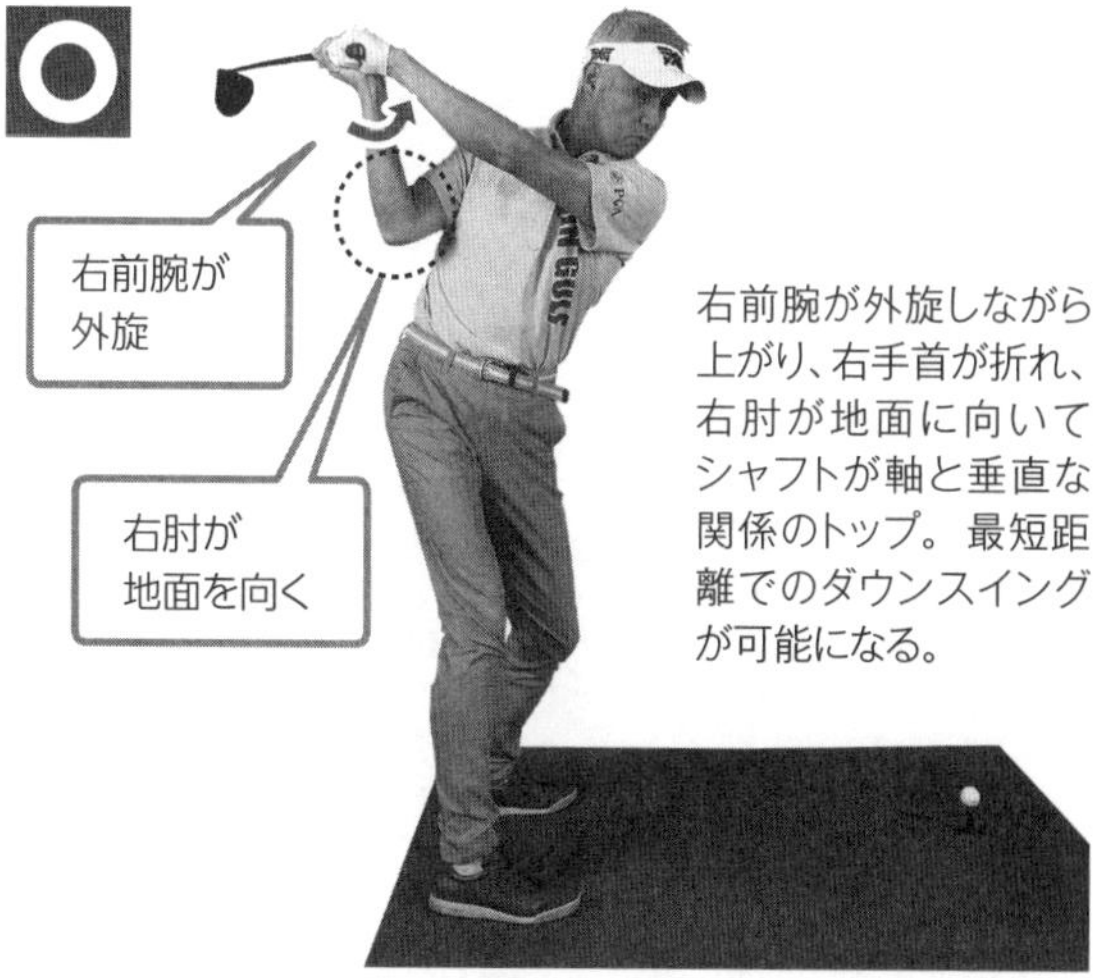


右前腕が外旋しながら上がり、右手首が折れ、右肘が地面に向いてシャフトが軸と垂直な関係のトップ。最短距離でのダウンスイングが可能になる。

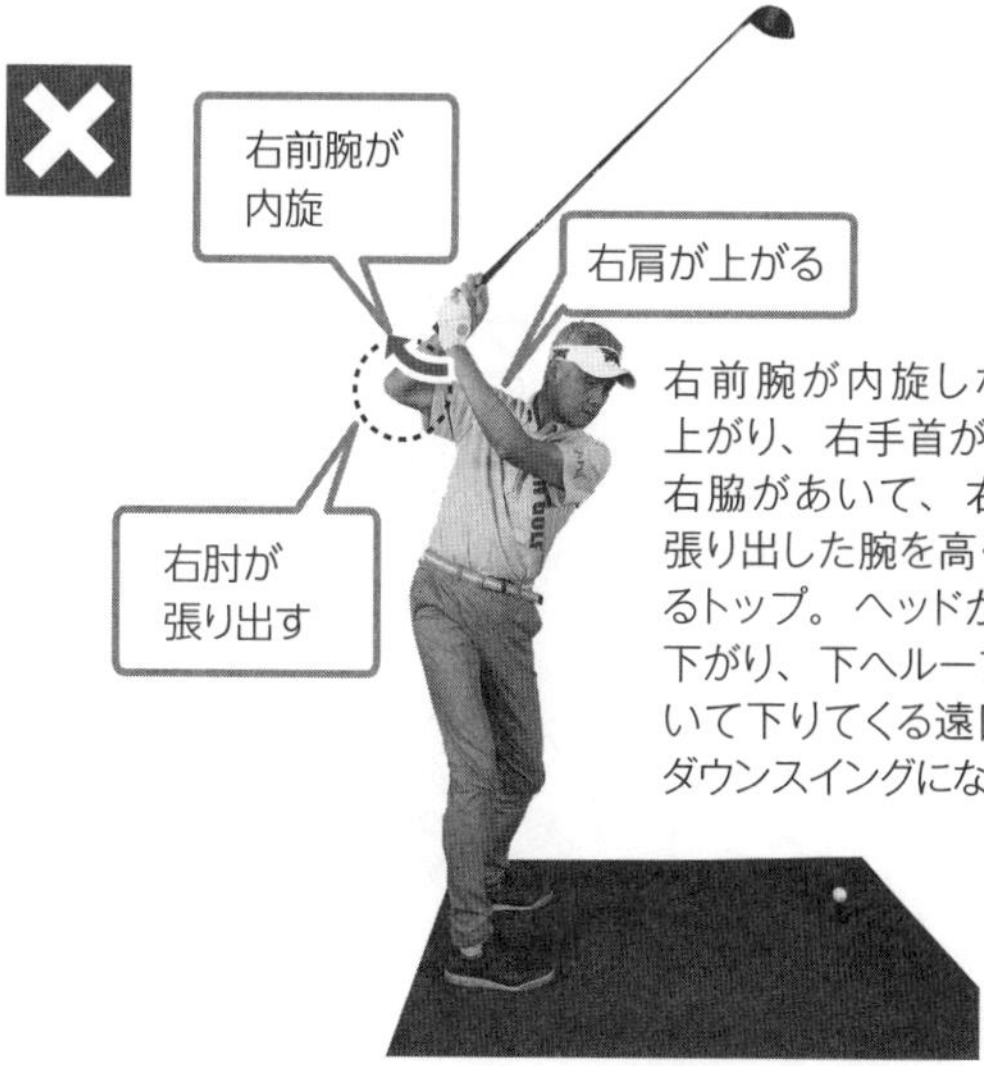


右前腕が内旋しながら上がり、右手首が立ち、右脇があいて、右肘が張り出した腕を高く上げるトップ。ヘッドが一度下がり、下へループを描いて下りてくる遠回りなダウンスイングになる。

その位置まで来たら、それ以上腕を上げようとしなくてＯＫです。その位置が理想的なトップの位置だと理解してください。

## ▼トップは〝クラブが寝ている〟くらいの感覚でいい

さて、この部分がクラブローテーションの最大のポイントになります。前腕を外旋しながら作られたトップであれば、**右人差し指の付け根にクラブの重さが感じられている**はずです。

いままでよりもずっと後ろのほうにヘッドがある感じがしませんか？　そう感じられたのなら正しいトップができている証拠です。まるでシャフトが真横に寝てしまっているかのような感覚に慣れてください。

トップではよく左手の親指にクラブが乗るようにといわれますが、つかまりのいい力強いボールを生み出すためには、右人差し指の付け根にクラブの重さを感じていることがポイントです。

その寝ているシャフトとヘッドを、そのままの状態で体に対して真横に回転させながら振り始めてみましょう。**長いクラブになればなるほど、クラブシャフトは背骨と垂直な関係で振るのが正解**です。シャフトが立ってくるとか、クラブを立たせて使うというのは、あくまでも前傾姿勢が作っている、地面とシャフトの関係を表した言葉であって、シャフトと背骨は垂直関係であるべきなのです。

ただ、横に振ると、クラブヘッドが球に到着するまでにとても遠回りをしている感じがして、多くの人は球に早く当てたいがために、クラブを立ててすぐに体の前に持ってこようとします。これではクラブローテーションができなくなってしまいます。

クラブローテーションはあくまでも軸回転の中にあるものなので、ヘッドの動きも直線的ではなく、理想的なスイングプレーンに沿ったよどみない横回転の円運動にならなければならないのです。

インパクトに向かう時にゆるやかなインサイドからのダウンブローになる。

インパクト前にアウトサイドから鋭角なダウンブローで振り下ろす軌道となる。

図32　切り返しは軸に対して「横回転」

○

トップでの体や軸に対するシャフトの角度を変えずにスタートすると、自分に対して横に振るイメージになる。

×

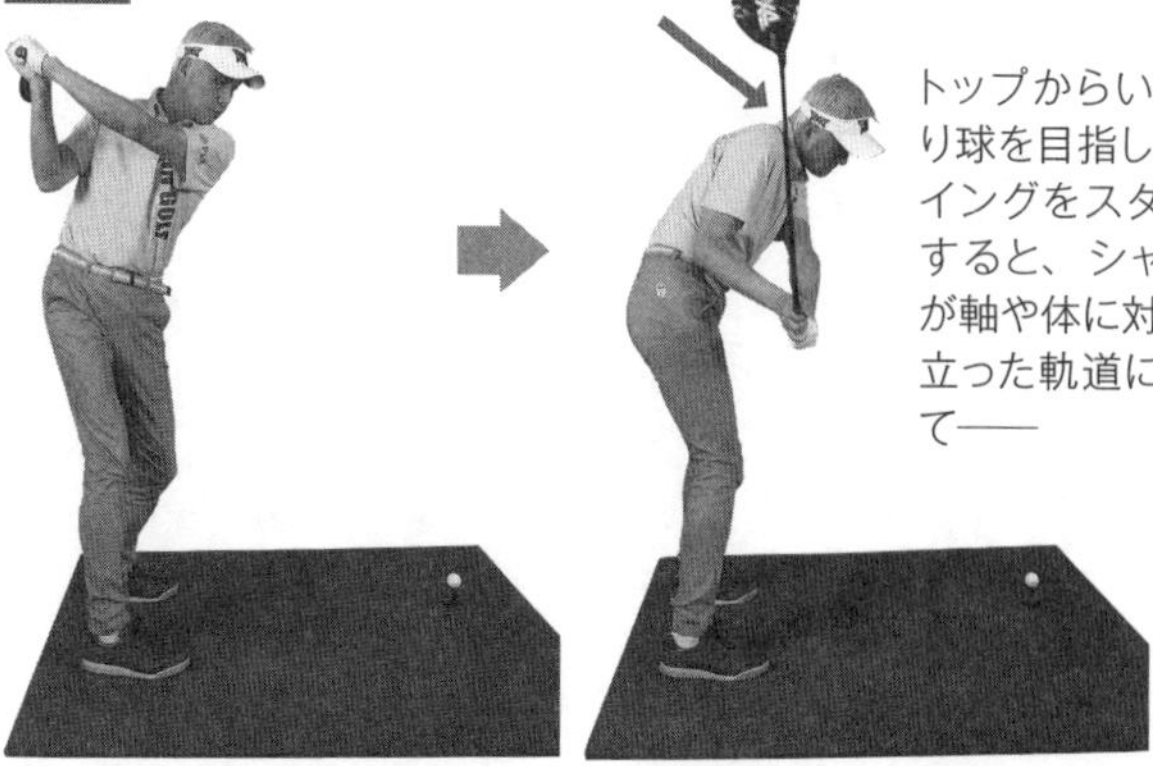

トップからいきなり球を目指してスイングをスタートすると、シャフトが軸や体に対して立った軌道になって——

## ▼「第2の正面」を意識しよう＞＞＞ 動画

さて、前傾姿勢を保ってトップから横回転でクラブを振り始めることができたら、胸の向きに注目してみましょう。

ヘッドは背中側にあるのですから、まだまだクラブを引っ張り続けなければなりません。その段階で、もし胸がさっさと球のほうに向かってしまっては、胸の前で球をとらえることはできなくなってしまいます。

体が早く飛球線に正対してしまうと、遅れてきたヘッドが球に当たる時には、胸はもうとっくに開いてしまっていて、胸の前で球をとらえることは不可能なのです。

そこで本書の最重要ポイントといえる**「第2の正面」**が必要になってきます。

第2の正面とは、ダウンスイングとインパクトのちょうど中間くらいのポジションのこと。明確に何度くらいの位置という決まりがあるわけではありません。体の硬さや筋力の差で、回転できる範囲は人によって違ってくるので、一概に「ここ」と限定はできません。

ですが、第2の正面はトップとインパクトの中間くらいにあることには変わりありません。体が90度回転する人であれば、45度くらいの位置に第2の正面を設定してください。体が速く回転しすぎてクラブと体が乖離《かいり》してしまわないように、ダウンスイングではややゆっくりと体の回転を下半身リードで始めます。

体をわざと止めるのではなく、第2の正面でスイングするくらいの意識でかまいません。すると、肩の向きは目標より大きく右を向いていますから、その肩の方向にクラブを振る軌道になるはずです（29ページ図3参照）。それを無理に目標方向に修正しようとせず、右に飛び出してもかまわないくらいの気持ちで、思い切ってクラブを振り始めてみましょう。この動きがインサイドからの軌道を作ることになります。

目標より右に向かって振り始められたクラブは、下半身リードが作る体の回転によって、第1の正面（アドレスの位置）を通過するのです。そして、この動きがインサイドインのクラブ軌道を作る唯一の方法なのです。

③第2の正面

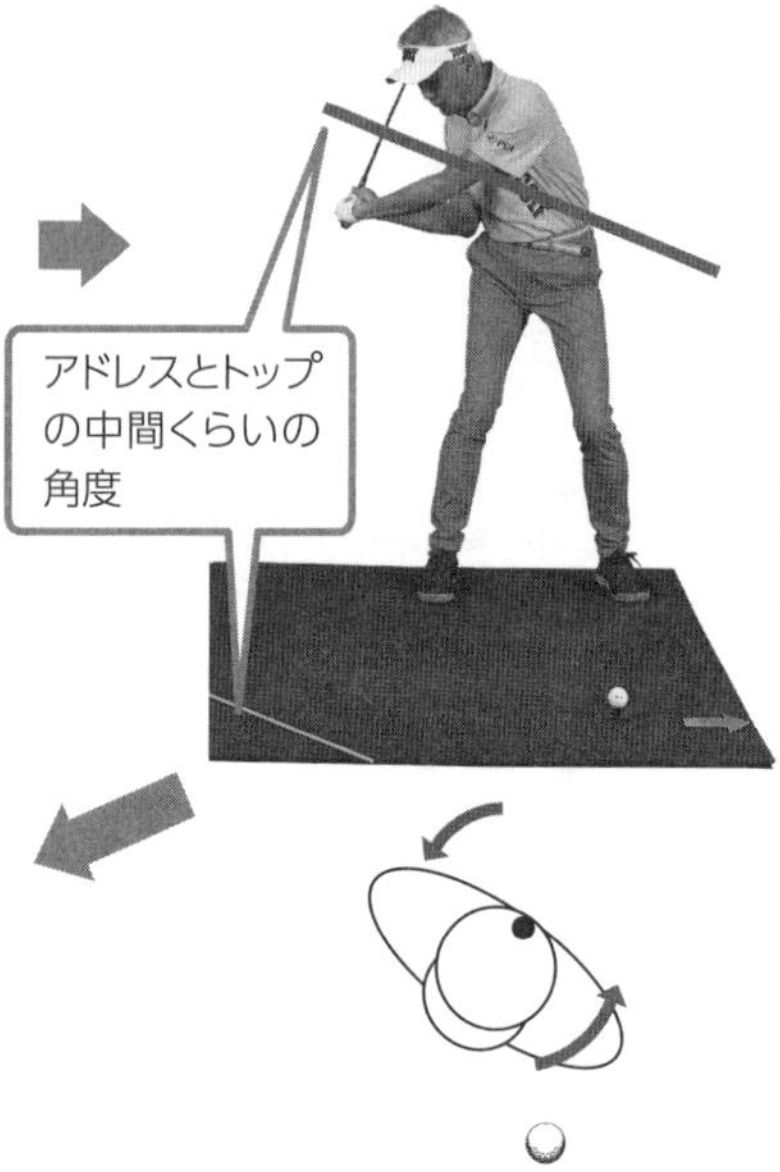


下半身はアドレスに戻ろうとする動きをしているが、肩や胸はできるだけ右にとどまろうと我慢している。そこに「第2の正面」がある。

⑥フォロースルー

その結果、ダウンスイングで振り始められたクラブは、勢いよくフォローへ抜けていくスピードを持っている。ヘッドスピードUP!

図33　「第2の正面」でスイングしよう

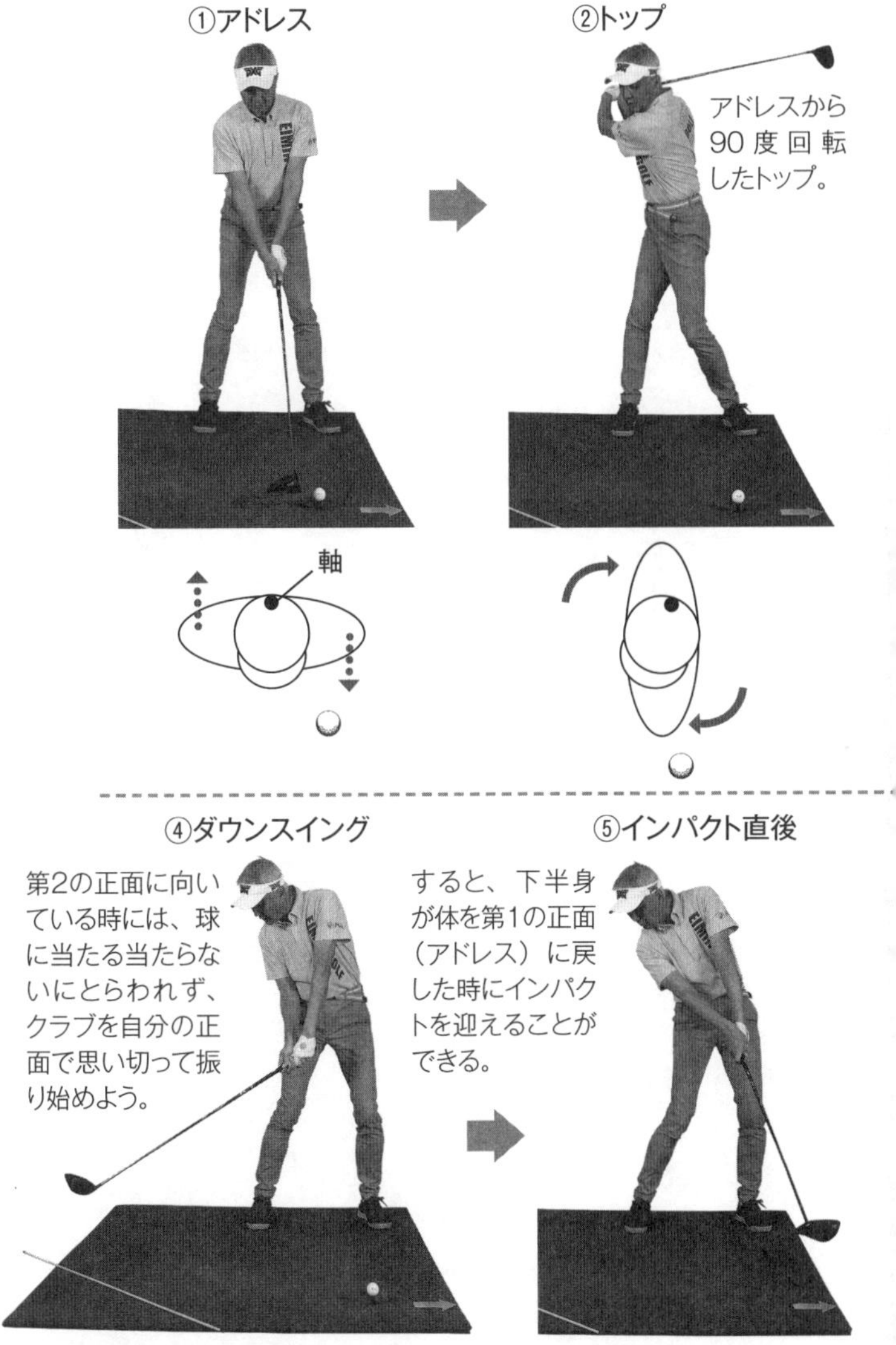
①アドレス
②トップ
アドレスから90度回転したトップ。
軸
④ダウンスイング
第2の正面に向いている時には、球に当たる当たらないにとらわれず、クラブを自分の正面で思い切って振り始めよう。
⑤インパクト直後
すると、下半身が体を第1の正面（アドレス）に戻した時にインパクトを迎えることができる。

## ▼飛球線と体の関係をあらためて理解する

ちなみに、飛球線と体の関係は、肩のラインが「クローズ」「スクエア」「オープン」の3種類あります。3つの中でもスイング中はスクエアの時間はとても短く、クローズかオープンの関係になっている時間のほうが圧倒的に長いものです。

また、クローズであれオープンであれ、体に対するクラブの動きは常に一定なので、肩のラインがクローズの時にダウンスイングできれば、必然的にインサイドからの軌道が作れることになります。この軌道の作り方が、前述した「第2の正面」の考え方につながります。

## ▼「第2の正面」と「クラブローテーション」のパワーポイント

第2の正面で振られたクラブは、前傾姿勢とヘッドの形状（重量のある先端が回転しようとする力）によって、自分から見て左回転が始まっているはずです。

トップで開いたクラブは、無意識でも閉じようとしますから、フェースの向きにとらわれず、気兼ねなく腕を左方向へ回していきましょう。左方向に回転させる力は、グリップを体に引き寄せる力でもあるので、グリップエンドは必ずヘソのほうを指してくる動きになっているはずです。

加速がついたヘッドは、インパクトで力強く球をヒットし、第２の正面から振り始められた軌道（インサイド）により、目標よりやや右方向に飛び出します。ですが、クラブローテーションにより左回転がかかっている球は、見事に目標に向かって戻ってくる球になるのです。

繰り返しますが、球はクラブヘッドの軌道により打ち出し方向が決定されます。インパクト前後のフェース角度は、あくまでも球にどのような回転をかけるかを決める要素です。

左回転しながらインパクトを通過すれば球にも左回転がかかります。これにより右に打ち出された球が左回転で目標へ戻る動きになるのです。

## ▼理想的なフィニッシュは下半身で作る

スイングはインパクトまでで形成されているのではありません。球を打ったあとのことはそれほど重要ではないと考えている人も多いようですが、それは大きな誤解です。

クラブローテーションを理解して実践できたとしても、体の回転がインパクトで止まってしまえば、クラブローテーションの力が強く作用しすぎて急激に左に回転していく球になったり、第2の正面で振られたヘッドが遠心力によって右方向へ放り出されて、目標から大きく右に外れるプッシュアウトという球筋になってしまいます。

それらのミスを防ぐのが、フォローからフィニッシュまで正しく振り抜く下半身の意識です。

前項でもお話ししましたが、ダウンスイングの第2の正面で始まったヘッドの動きは、インサイドから右方向へ振り抜く動きです。

この力を放置すれば、ヘッドはそのまま右方向へ振られていってしまいます。それを腕の力だけで戻そうとすると、とても大きなパワーが必要になり、結果的に腕に力が入ってローテーションそのものも途中で止まってしまいます。**それを防いで理想的な軌道を作り出すことができるのが、下半身のフィニッシュへの意識**なのです。

前にお伝えしたように、体は前後の動きで回転運動を形成しています。ですから、フィニッシュへの動きは左足のカカトのほうへ重心を移していく動きで行われます。

インパクト直前からフォローにかけて、タイミングよく体の左サイドを後ろに引く動きを取り入れてみましょう。左股関節が切り上がり、重心が左足の母指球からカカトのほうへ移っていれば、それは体が回転しているのと同じ結果になります。その際、左腰が引けて重心が右足のほうに戻る動きにはならないように注意しながら行ってください。

よくプロの間では「左カカトを踏み込むように使う」とか「左膝を突っ張るように伸ばす」といった表現がされます。体の回転をリードしているのは、進行方向にある体の左サイドですから、左側がインパクトで動きを止めず、左脇があかないで体の回転の力を腕やクラブに伝達できれば、クラブは気持ちよくフィニッシュへと収まっていくのです。

## ▼クラブローテーションができた時のフィニッシュ

ここでクラブローテーションがうまくできた時のフィニッシュの形についてお話ししておきます。

トップの位置で右肩の右上にやや開き気味で収まったクラブは、フィニッシュではそれと対照的に左肩の左上に「フェースが閉じた」形で収まります。

ただ、この場合の「フェースが閉じた」感覚に慣れるには、少し練習が必要です。クラブローテーションができれば、フィニッシュでバックフェースと右手の甲が顔のほうを向く形で収まります。

この感覚をつかむために、体を回転せずに正面を向いて立った状態で、クラブを正しく上下する動きを試してみましょう。

前傾姿勢を取らずに正面を向き、グリップをベルトの前にセットします。シャフトは地面と平行くらいまで上げておきましょう（図35）。

図34　クラブローテーションができた時のフィニッシュ

○
ヘッドが目標を指そうとしている

ヘッドを先頭に回転の力で引っ張られたクラブが、体に巻きつくようなフィニッシュ。

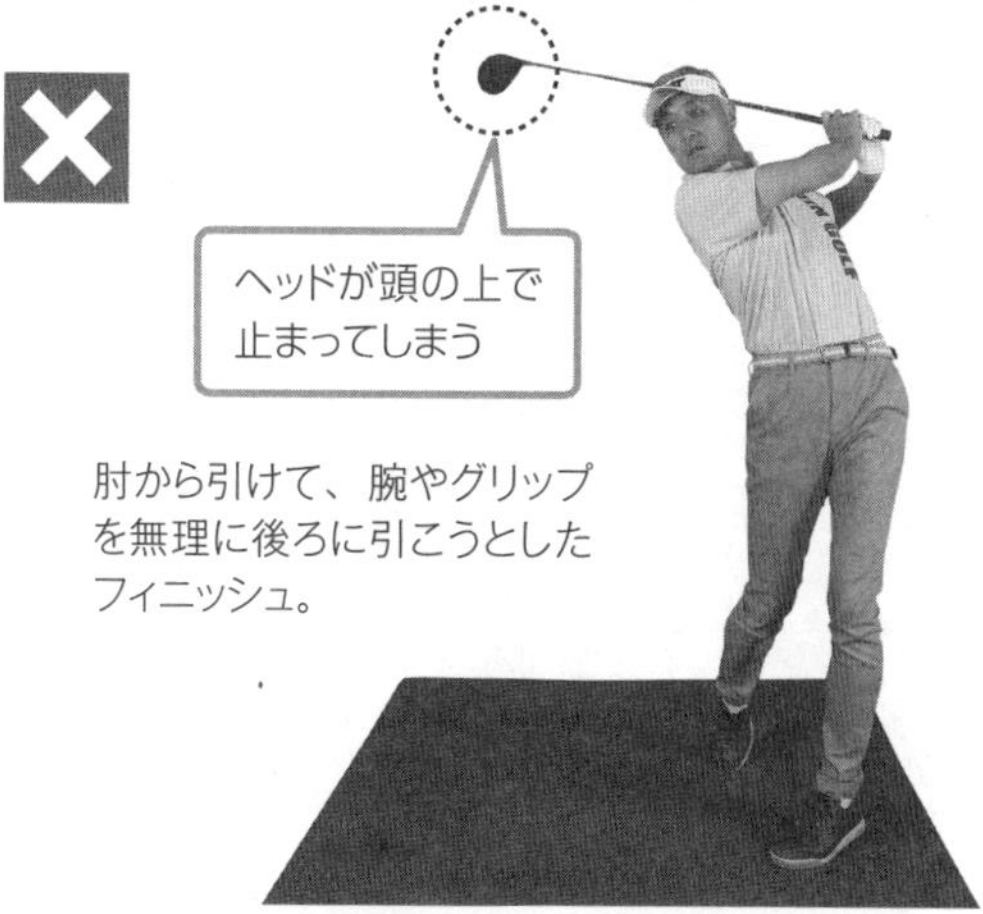
×
ヘッドが頭の上で止まってしまう

肘から引けて、腕やグリップを無理に後ろに引こうとしたフィニッシュ。

この位置を最初のポジションとし、そこからヘッドを右肩の右上、背中側のほうに上げるようにクラブを立たせていきます。トップはシャフトが右肩の上に上がるのではなく、右肩の右上に上がるのが理想です。この時に、両脇があいて肘が体から離れすぎないように注意しましょう。

右前腕は外旋運動をしますから、やや開いた感じで右肩の右上に収まるはずです。この時の右手のひらは右の耳の上のほうを向いています。

その位置から今度は上げた時と反対方向に前腕とクラブを回しながら（右前腕の内旋運動＝左前腕の外旋運動）、元のポジションに戻ります。そして今度はそこで止まらずに、回転運動を継続しながら左肩の左上に向かってクラブを上げていきます。手首もシャフトを立たせる動きを入れると、両前腕が体の正面で入れ替わりながら、右手の甲が左耳のほうを向いた形でフィニッシュの位置に収まるはずです。

この時、右肩から左肩へ動いたグリップの軌跡は、ゆるやかな曲線を描いたV字の形に似ているはずです。そして、そのV字の角度は50～70度くらいの開き具合が理想です。

この腕とクラブの動きと、体の前後の動きが作る回転運動とを合わせたものがスイング

### 図35　フィニッシュでフェースが閉じた感覚をつかむドリル

シャフトは
地面と
平行に

体の正面でクラブを構える。

右肩の
右上へ
肘は
下向き

上体は正面を向いたまま、右前腕を外旋させながらクラブを右肩の右上に引き上げる。

元のアドレスの位置に戻す。

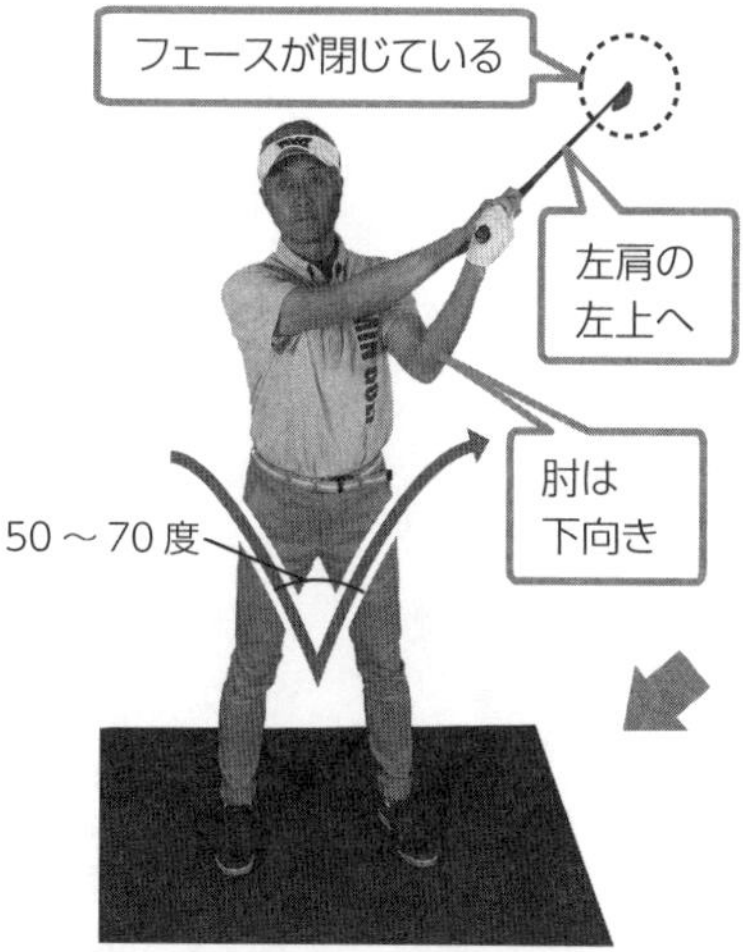
フェースが閉じている
左肩の
左上へ
肘は
下向き
50～70度

左前腕を外旋（右前腕を内旋）させながらクラブを左肩の左上に引き上げる。これを連続して繰り返す。

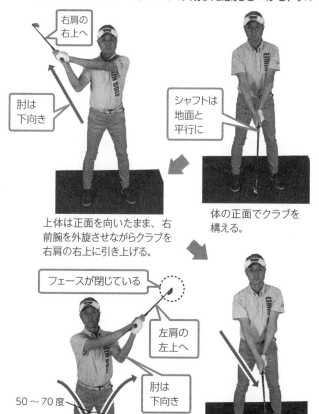

です。ここに前傾姿勢が加わりますが、**スイングはローテーションを伴ったクラブの上げ下げと、体の前後運動に集約される**のです。

図35を見ながら腕とクラブの体に対する動きを練習して、その形を意識して球を打ってみてください。

特にフェース面の動きは最初は違和感を覚える人もいるかと思いますが、その動きが正しくできると、面白いように球をとらえやすくなり、目標へ飛ぶ確率が飛躍的に上がっていきます。

# 第4章

# 飛んで方向性を失わない「効率のいいスイング」のコツ

◇再現性の高いスイングを最短距離で身につける!

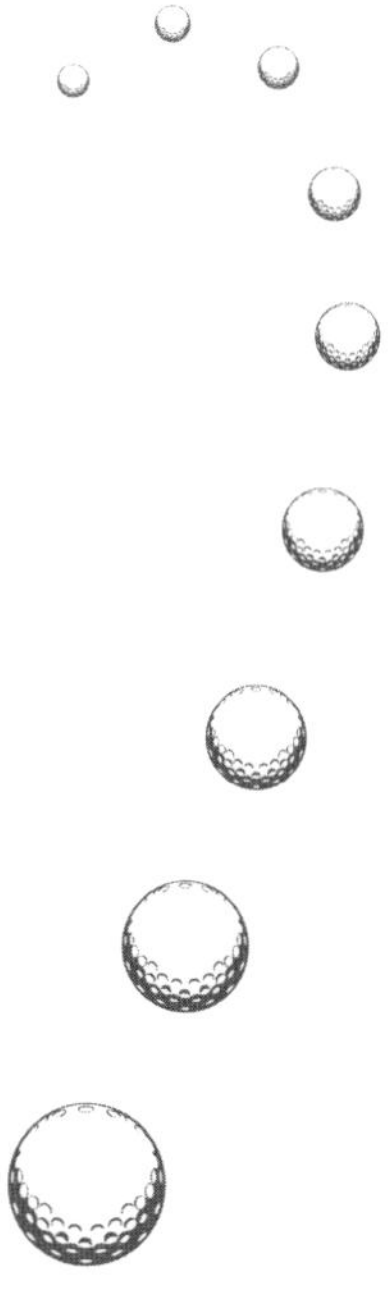

ここまでは「第2の正面」と「クラブローテーション」をスイングに取り入れるための腕や体の部分ごとの動きと、それらを組み合わせた時のスイング方法について解説してきました。

この章ではそれらを理解したみなさんが、効率よく「第2の正面」「クラブローテーション」を使いこなすためのコツについてお話ししていきます。

## ▼バックスイングでフェースはどこを向くのが正しいか

バックスイングでは回転運動を考えすぎるあまり、手首や腕の力だけでクラブを回しながらトップの位置を作ろうとする人をよく見かけます。

繰り返しますが、回転するのはあくまでも前後の動きをする体であって腕ではありません。腕でヘッドの軌道や回転をすべて作ろうとしてしまうと、バックスイングで必要以上にグリップが動いてしまい、正しい軌道に対して遠回りする円を描いてしまいます。

正しい軌道を描けていれば、図36のように、バックスイングの間は常にフェース面がボールを見ながら、円周上を動いていくことになります。

そして、プロのスイングでは、トップでクラブシャフトが飛球線と平行な位置に収まっていますが、バックスイングで腕を使ってその位置にクラブを収めようとしているわけではありません。

むしろ、前章で試してもらったように、**アドレスを取った時の右肩の右上に、両肩のラ**

**インに対して垂直になるような位置にクラブを収めようとしています。**それでも、体が回転しているため、クラブは飛球線と平行な位置まで運ばれているのです。

バックスイングで、軸回転の中で腕が直線的に動いて右肩の右上にクラブが収まれば（131ページ図35参照）、ダウンスイングでもクラブ（グリップ）は円運動での最短距離を通って体に引き寄せられていきます。

体の回転に対してヘッドが遅れすぎてしまう人は、この軌道を見直してみてください。アドレスからの始動で腕を横に動かしてしまっている人は特に要注意です。

## ▼トップからダウンスイングではボールは見ない？

アドレスでは飛球線の手前側に腕もグリップもセットアップされて見えているはずです。ということはスイング中、目線と飛球線の間に腕が出てくることはないはずです。

ところが、アウトサイドインのスイング軌道になっている人の多くは、ダウンスイングで腕が目線を遮《さえぎ》り、腕が前に出てきてしまう人が多いようです。クラブローテー

## 図36　バックスイングの正しい軌道

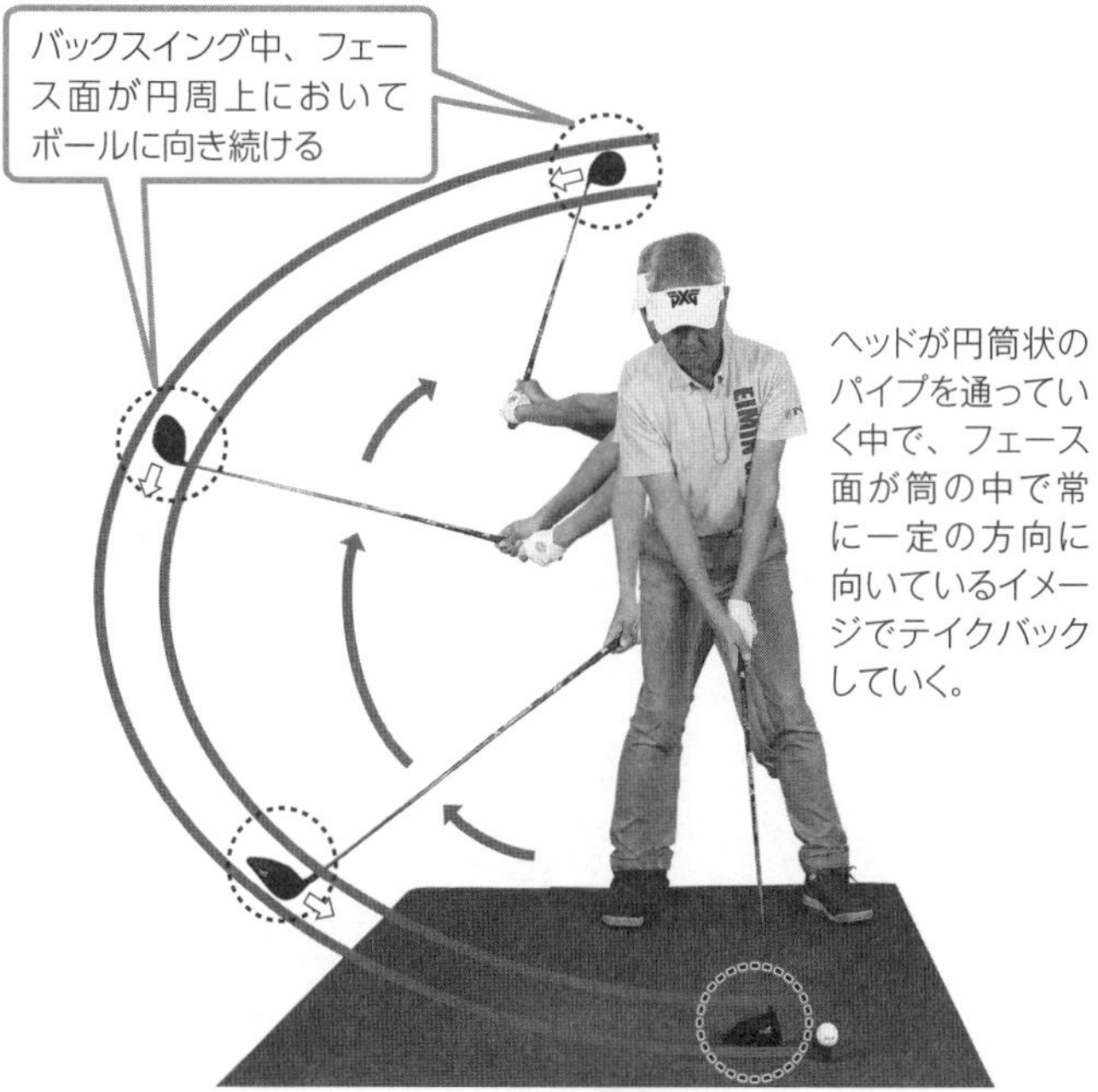
バックスイング中、フェース面が円周上においてボールに向き続ける
ヘッドが円筒状のパイプを通っていく中で、フェース面が筒の中で常に一定の方向に向いているイメージでテイクバックしていく。

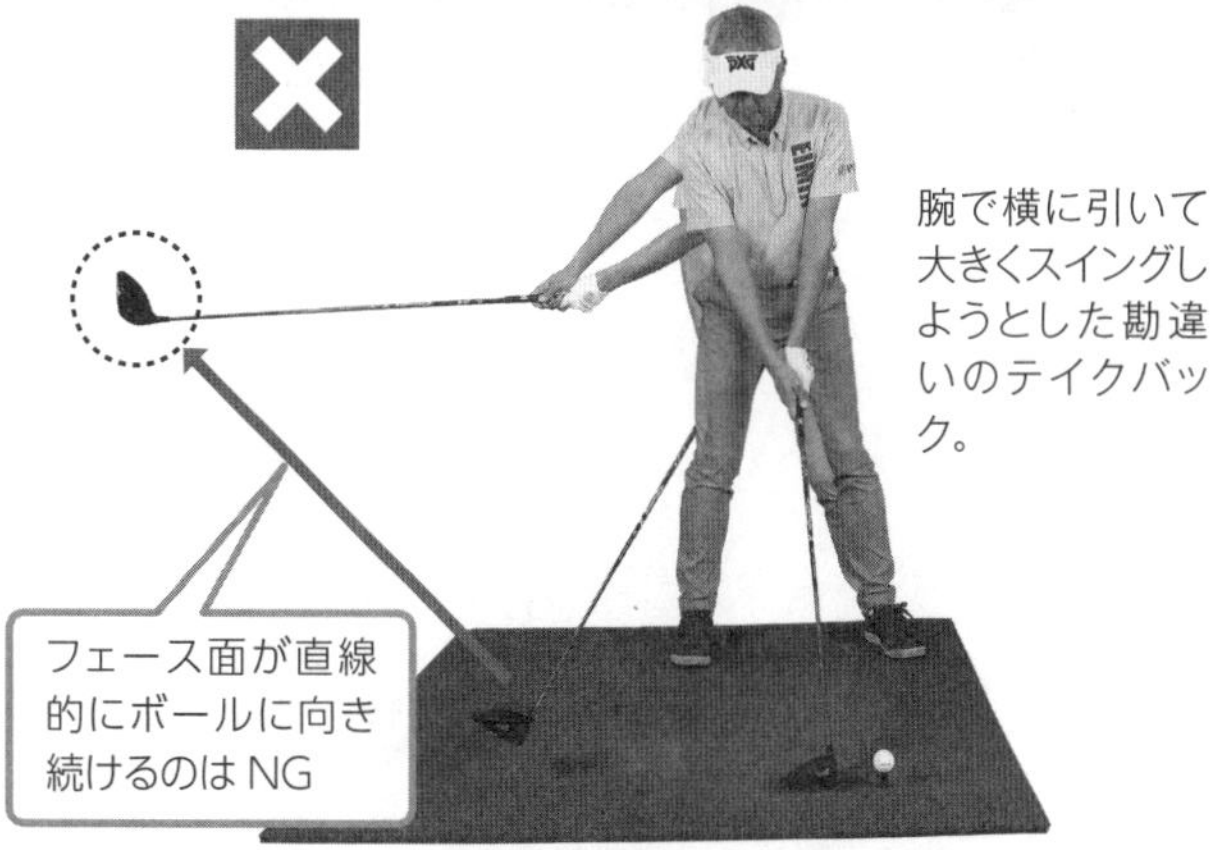
腕で横に引いて大きくスイングしようとした勘違いのテイクバック。
フェース面が直線的にボールに向き続けるのはNG

ションは前傾を保った体の回転に引き寄せるようにして作り出すので、腕が目線にかぶる人は、この「引き寄せる」動きができなくなってしまっています。

それを矯正するために、ゴルフレッスンの記事などではよく「グリップエンドはヘソを指すように動かす」とか、「右肘は体につけてダウンスイングする」などと解説されてきました。

これらの言葉は間違いではありません。しかし、実際にそのような動きを作ろうとすると、腕に意識が行って手打ちになってしまいます。そればかりでなく、それらの意識でダウンスイングをすると、ヘッドが球に近づいてくる感じがしないので、体を球に寄せていこうとして、結局はスウェーを引き起こしてしまいます。

そこで、グリップの位置を飛球線の手前側に保ち、ダウンスイングで体の近くを通りながらクラブローテーションをさせるために、トップの位置からダウンスイングに入っていく段階で、**左上腕ごしに右足の前＝第2の正面の前の景色を見る**ように意識してみてください。

そうすると、左上腕ごしに地面を見ているわけですから、左腕は前に出て視界を遮ろうとせず、腕は自然に下りてくる動きを作り出します。左上腕ごしに景色を見続けるのですから、腕は目線の内側でしか動けないはずですよね。

ここでのポイントは、あくまでも左上腕ごしに、第2の正面にある右足前の地面を見ているだけにすることです。球や腕には意識を向けないようにします。球を見ていないと不安になるかもしれませんが、球は視界にさえ入っていれば、直接見ている必要はありません。

また、腕に意識が行ってしまうと、球に近づく感じがしないので、どうしても不安になって当てに行きたくなります。

右足前の地面を見ていることで、右足の内側の重心位置も保てるばかりでなく、グリップエンドが体の中心に近くなるため、遠心力が発生してクラブローテーションを作り出してくれるのです。

前傾姿勢を保ってスイングしているため、ダウンスイングでは地面に近づいていく軌道になるので、球のはるか手前をダフりそうな気がして心配になるかもしれません。ですが、軸さえ保てていれば、ダフらずにギリギリの高さでヘッドは通過し、だからこそ厚い当た

スイング中、目線と飛球線の間に腕が出てくることはない
一度ギリギリまで前に出たグリップは――
インパクトに向かって引きつけられる。これは横振りをしているから。

図37　ボールではなく「第2の正面」の前を見て振る

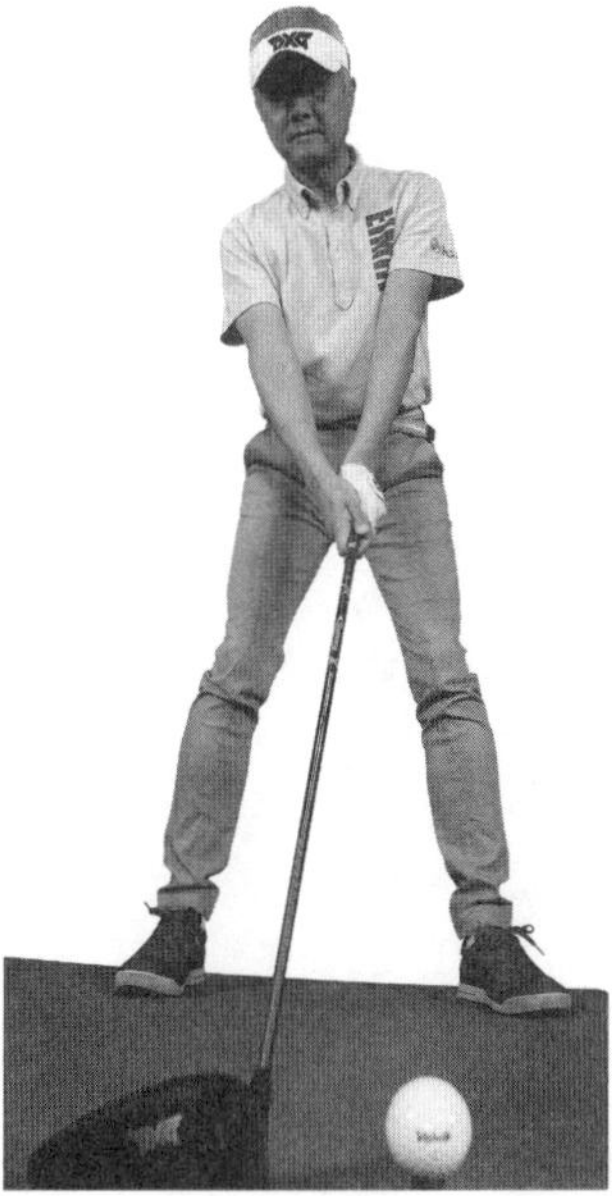

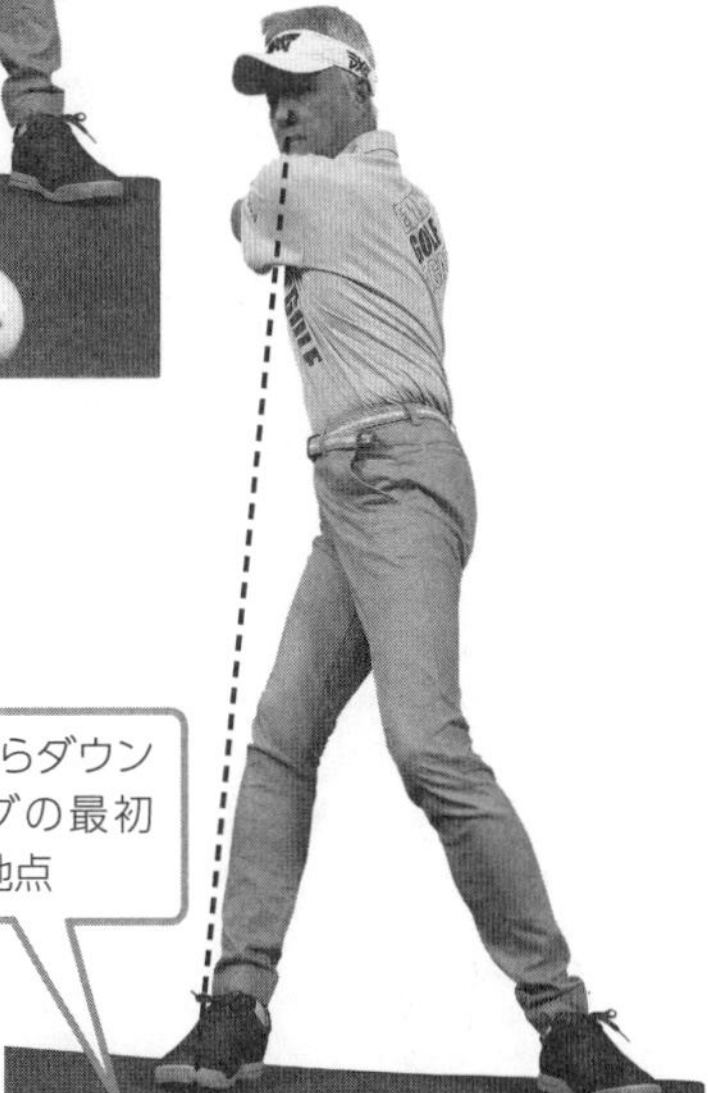


左肩ごしに第2の正面の前を見てダウンスイングしていく。

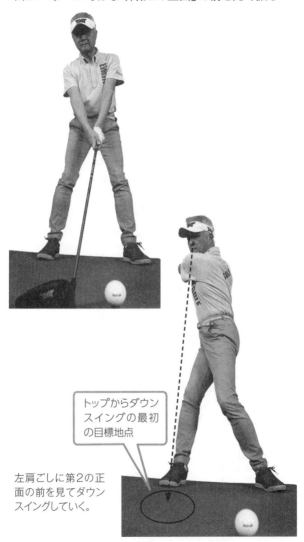

りになるのです。勇気を持って挑戦してみてください。

思いのほか球をクリーンにヒットし、気持ちよくクラブが振り抜けるのを感じられるようになるはずです。

## ▼大きなスイングアークを生み出すコンパクトなスイング

フォローの動きも腕の意識で作るものではありませんが、最初のうちは腕で形を作ってみてもいいでしょう。バックスイングで右肩の後方へ肩のラインと垂直になるようにクラブを上げたのですから、**フォローもそれと対照的に、左肩の後ろへクラブを立ち上げていく動きが必要**になります。

ヘッドが早めに左肩のほうへ向かうことで、グリップエンドは体の近くを通過することになります。

フォローでヘッドを目標方向へ大きく出そうとしている人は、グリップが体から遠ざかり、ヘッドの回転が止まってしまいます。そのほうが大きく振っているような感覚があるかもしれませんが、グリップが体から離れてしまうスイングは、クラブヘッドの円が小さくなってしまいます。

スイングアークはあくまでもヘッドの作る円のことを指しています。ヘッドの動きを感じているつもりでも、それはグリップの動きであることが多いのです。

アークが大きくなったかどうかは、実際には撮影して見比べてみなければわかりません。しかし、アークを大きくするために腕を大きく動かすのではなく、むしろコンパクトさを感じるくらいでかまわないので、シャープに素早くクラブを振り抜く感覚を追い求めましょう。それこそがスイングアークを大きくさせる感覚になるのです。

右肩後方からクラブローテーションをしながら左肩後方へヘッドが早く通過すれば、グリップは体の近くを通り、ヘッドが体から遠い円を作れるようになります。グリップの位置が体の近くにあると、とかくコンパクトに振っているような感覚になりますが、そのほうがヘッドが体の遠くにあって、見ている人からは大きな円で振っているように見えるのです。

この動きは、トップから左下半身で軸回転の体を左後方にリードし続けることで成り

◎ <前方から>

✕

腕やグリップを大きく動かすのはNG。一見スイングアークが大きくなるような「感じ」がするだけで、実際は大きくならない。

図38　フォローでは早めにヘッドを立ち上げる

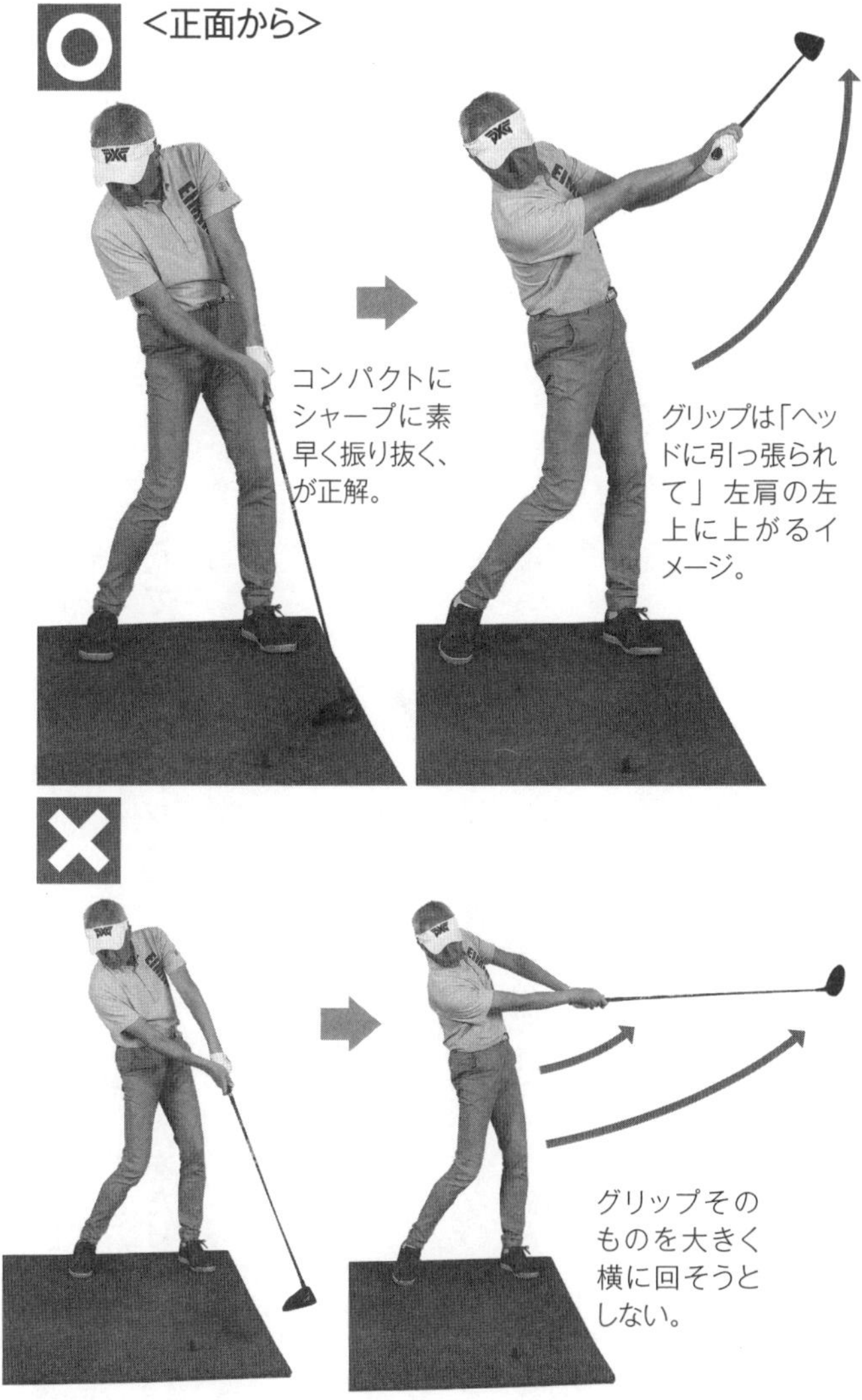

立っています。前述のように、上半身は「第2の正面」で振り抜くことを意識しつつ、下半身は止まらずにフィニッシュまで動き続けます。

その動きの中で、**下半身の感覚としては、右ポケットが球の正面に来たあたりでインパクトするくらいのイメージ**で正解です。

そして、軸の位置を動かさずに、インパクトの直前くらいから思い切って左サイドを引き上げてみましょう（左股関節を引き上げる動き）。

ダウンスイングでうまくクラブローテーションが始まっていれば、軸を保ちながらそのままローテーションし続けることで、フォローでヘッドスピードが上がります。フォローでヘッドスピードが上がらないスイングでは、球を遠くに飛ばすことはできないので、左カカトにしっかりと乗り切った、バランスのいいフィニッシュが取れるまで練習してみてください。

## ▼「静かな」ダウンスイングがショットの安定感をもたらす

クラブローテーションでトップからクラブを回転させようとしても、ヘッドが下がりすぎてうまく回転できない人もいます。または、どうしても下からすくい上げるような動きになってしまい、フェース面がめくれてしまう人もいるでしょう。そんな時は前傾姿勢に注目してみてください。

正しいインパクトを迎えるためには、フェース面が球のほうを指している必要があります（43ページ図7参照）。体が起き上がるダウンスイングになってしまうと、ヘッドの重さでクラブの先端が下がろうとします。一方、前傾姿勢を保ってスイングすれば、先端が重たいヘッドの構造により、クラブは前方に回転しようとする力を作り出します。

地面を打つことを恐れずに、左肩が簡単に上がらないように前傾姿勢を維持しましょう。どうしても体が起きてしまう人は、ダウンスイングの体の回転速度を見直してみることです。

特に**切り返しでの慌てない「静かな」動きは大切**です。思ったよりゆっくりした速度でも、飛距離はそこまで落ちることはありません。むしろ、ゆっくり振ることでフェースの芯に当たる確率が上がり、ショットの安定感が向上することで、平均飛距離のアップにもつながります。

また、トップで後ろに上がった右肩がゆっくりと地面に向かっていくのが、前傾姿勢をキープできた時の正しいダウンスイングの動きでもあります。軸をイメージしながら丁寧に動くことで、右肩とヘッドが描く円がリンクしたダウンスイングのイメージが作れるようになってきます。

速度への意識は意図したスイングを作るのにとても大切ですので、「静かな」スタートのダウンスイングを心がけましょう。

＊

この章では「第2の正面」と「クラブローテーション」を使いこなすコツについてお話ししてきました。クラブローテーションを効率よく取り入れるために必要な要素ですが、あくまでもこれらのコツは基本動作の上に成り立っています。

そして、基本から順に練習を重ね、この章までたどり着いたみなさんは、きっと「第2の正面」と「クラブローテーション」をしっかりと使いこなせるようになっていて、力強いボールが打てる確率が上がっているはずです。

いままでみなさんが信じてきたスイング常識とはかけ離れた動きや考え方もあったかもしれません。しかし、私たちプロが何万発と球を打ってきて見いだしたスイングの本質を、「第2の正面」と「クラブローテーション」という重要な動きを解説することを通じて、紹介したにすぎません。ぜひ、柔軟な考え方でプロが実践している技術を取り入れてみてください。

# 第5章

# 「クラブローテーション」と「第2の正面」の実践テクニック

◇ウッドかアイアンかで、傾斜したライで……打ち方はどう変わる?

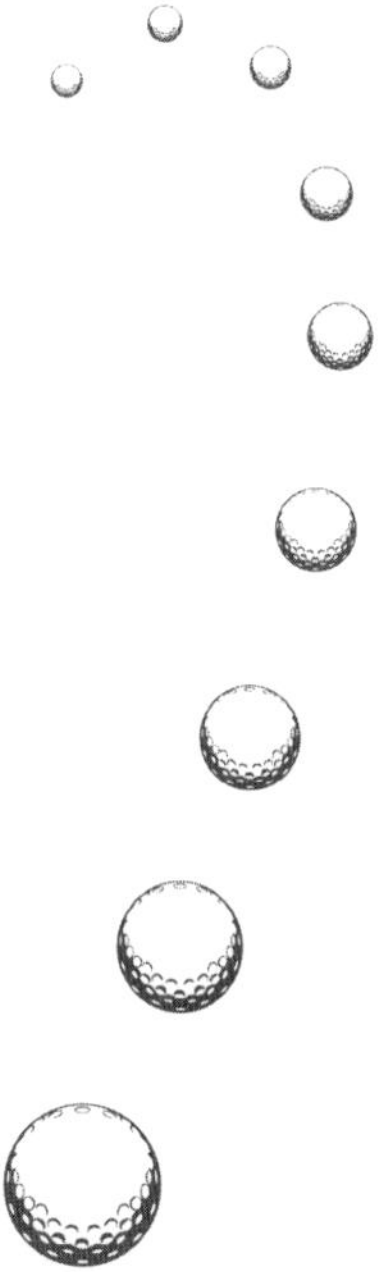

序章から第4章まで、基本の動作からスイングの手順、そしてクラブローテーションのコツまで、順を追ってお話ししてきました。

練習していく中で、いままで身につけたスイングとまったく違う動きが出てきたかもしれませんので、どうしても迷ったり不安になったりすることも多いかと思います。

そんな中でも新たな発見を積み重ねていくことで、みなさんのスイングは確実に安定したものになっていくはずです。

1つひとつおさらいしながら、繰り返し練習してみましょう。

最後の章では、クラブローテーションを理解したみなさんが、練習やコースでそれを生かせるようにするヒントをお伝えしていきます。

長いクラブと短いクラブでのクラブローテーションを行う時の感覚の違いや、実際にラウンドしている中で遭遇する状況別のクラブローテーションの意識など、実践で役立つ知識についてです。

そして、今後練習する時に多くのアマチュアが陥りやすいポイントを、私のレッスン経験の中から抜粋して箇条書きにしておきます。

ほとんどの方が一度は陥るミスや勘違いについてお伝えしておきますので、うまくいかなくなった時に参考にしてみてください。

## ▼クラブの長さで変わるローテーションの感覚

ゴルフクラブは長さの違いだけでなく、ウッドやアイアンという形状の違いもあります。それぞれのクラブ特性があり、同じようにスイングしてもクラブから返ってくる感触には差があります。

その差を、スイングそのものが違うと判断してしまいがちですが、「第2の正面」「クラブローテーション」を含め、スイングはクラブによって差があるわけではありません。長さや重量、そして慣性の違う道具を振っているのですから、各クラブの特性によって、手に伝わる感触が違うというだけなのです。

長さの違うクラブを振った時の特性と感覚の違いについてお伝えしておきましょう。

## ◎ウッド系クラブの場合

ウッドはドライバーに代表されるようにヘッドが大きいため、重心深度が深い作りになっています。

素材の向上で体積を大きくしてもヘッド重量が重くなりすぎないことで、重心深度が深い直進性の高いクラブが作られるようになってきました。

ですので、クラブローテーションは、みなさんが思うより思い切ってやっても方向性は失いません。むしろ、ローテーションを行わなければ、直進性の高いヘッドはスイングプレーンから外れていってしまいます。

**多少左に行ってもOKくらいの意識で、ダウンスイングではしっかりとローテーションを開始して振り切りましょう。**

また、球に当てる意識が強いとミスが大きくなるのもウッド系クラブです。アドレスの段階から、短いクラブに比べてスイング軸と球の位置が離れているので、ダウンスイング

フェース面の
向きは気にし
ないで。
球に当てに行かず、
「第2の正面」で振
り切るイメージで。

図39　ウッドでのクラブローテーションのポイント

多少左に行ってもOKくらいの意識で、しっかりローテーションを開始。

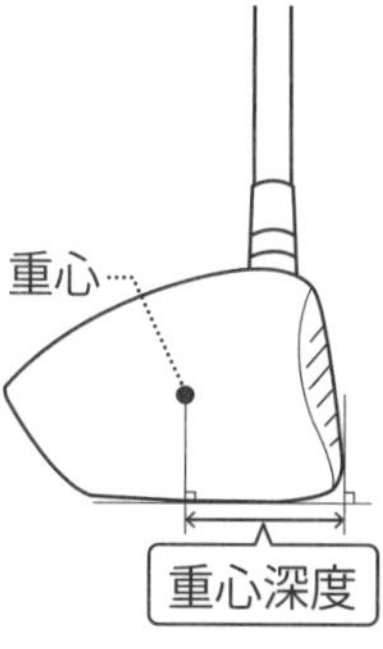


この距離が長いほど直進性が高いが、長すぎると操作性が悪くなる＝ローテーションしにくくなる。ホイールベースの長いトラックがカーブを苦手とするのと同じ。

では球に近づいて当てに行きたくなります。

そうならないためにも、トップに入る直前からダウンスイングのスタートあたりまでは、**けっして反動に頼らず、意識的にゆっくりとした動きでスイング**していきましょう。反動に頼ってしまった切り返しでは、「第2の正面」を簡単に通過してしまう、タメのないスイングになってしまいます。

トップから軸を保ってスイングを始め、第2の正面から一気にフィニッシュまで振り切るようにしましょう。

## ◎アイアン系クラブの場合

アイアンはウッドに比べて重心深度が浅く、ヘッドのヒール側とトウ側の重さが大きく異なります。ですので、ウッド系クラブに比べてローテーションしやすいクラブといえます。

また、クラブが短くなるにつれて、スイングプレーンもアップライトになってくることで、フェースの横の動きが少なくなり曲がりにくくなっていきます。

ただし、クラブが短くなるにつれて重たくなっていきますから、それを支えようとして余分な力が入って手首が固まってしまったり、反対に重さによって手首が早くほどけてしまったりしてインパクトの高さが安定しなくなることで、ダフリやトップが起きやすくなります。

また、ウッドの時と同じように、反動を使ってしまうと、ヘッドの重さが災いしてクラブが暴れてコントロールが利かなくなってしまいます。

飛ばすクラブではないので、重たいクラブヘッドが、コントロールを失いスイングプレーンや体の正面から外れるほどの激しい体の動きを避け、**スローモーションでスイングしているくらいの気持ちで、ヘッドが常に安定した軌道を保てるようにコントロールして振る**ようにしましょう。

**インパクト以降でローテーションによりヘッドがグリップの位置を追い越すようにスイングで**きれば、ヘッドの重さが必ず球を飛ばしてくれるので、それを信じてタイミングを取って打てるように練習していきましょう。

インパクト以降でローテーションによりヘッドがグリップの位置を追い越すスイングになるように。

図40　アイアンでのクラブローテーションのポイント

クラブヘッドが暴れないよう、スローモーションでスイングするくらいの気持ちで、軌道の安定を重視。

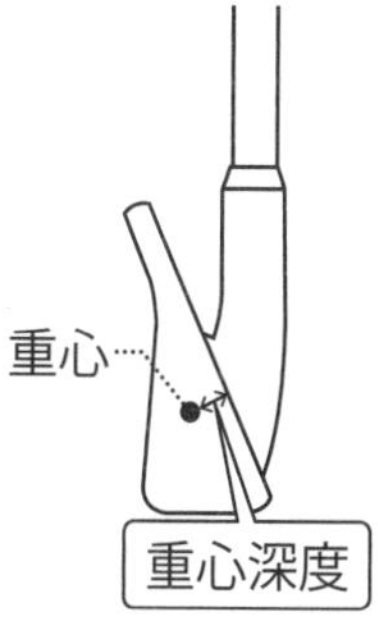


深度が浅い分、操作性は高いが、手のいたずらで方向性を失うことも多い。長いクラブより縦振りになるため、その分、飛球線に軌道が重なる時間が長くなる。

## ▼状況別クラブローテーションの活用

実際のコースは練習場のように平らではなく、起伏に富んだ環境でプレーしていると思います。

大きく分けて地面の状態は「左足上がり」「左足下がり」「つま先上がり」「つま先下がり」の４種類に分けられるでしょう。

このほかにも、バンカーやグリーン周りなどでクラブローテーションはどう活用するか、またはどう制御するか。そして、左にハザードがある場合はどのような工夫ができるか、などのポイントをお話ししていきましょう。

## ◎左に曲げたくない時

クラブローテーションをしっかり行って、第2の正面で振り抜けると、つかまりのいい、ドロー気味の力強い球が打てるようになります。

しかし、ホールの状況によっては、左にハザードがあるなどして、絶対に左に曲げたくない、つまりドロー回転をできるだけかけずに打ちたい、ということもあるかと思います。

そのような状況では、どのように打ったらいいでしょうか。

せっかくクラブローテーションを使って第2の正面で打つという、球のつかまりのいいスイングを身につけたのですから、このようなケースでもスイングを変える必要はありません。

こういったケースでは、**アドレスでややオープンに構え、場合によってはフェースも開いて、あとはこれまでと同じようにスイング**すればOKです。

オープンに構えたことで、トップがいつもより浅くなり、第2の正面も、より正対に近

## 通常の「第2の正面」

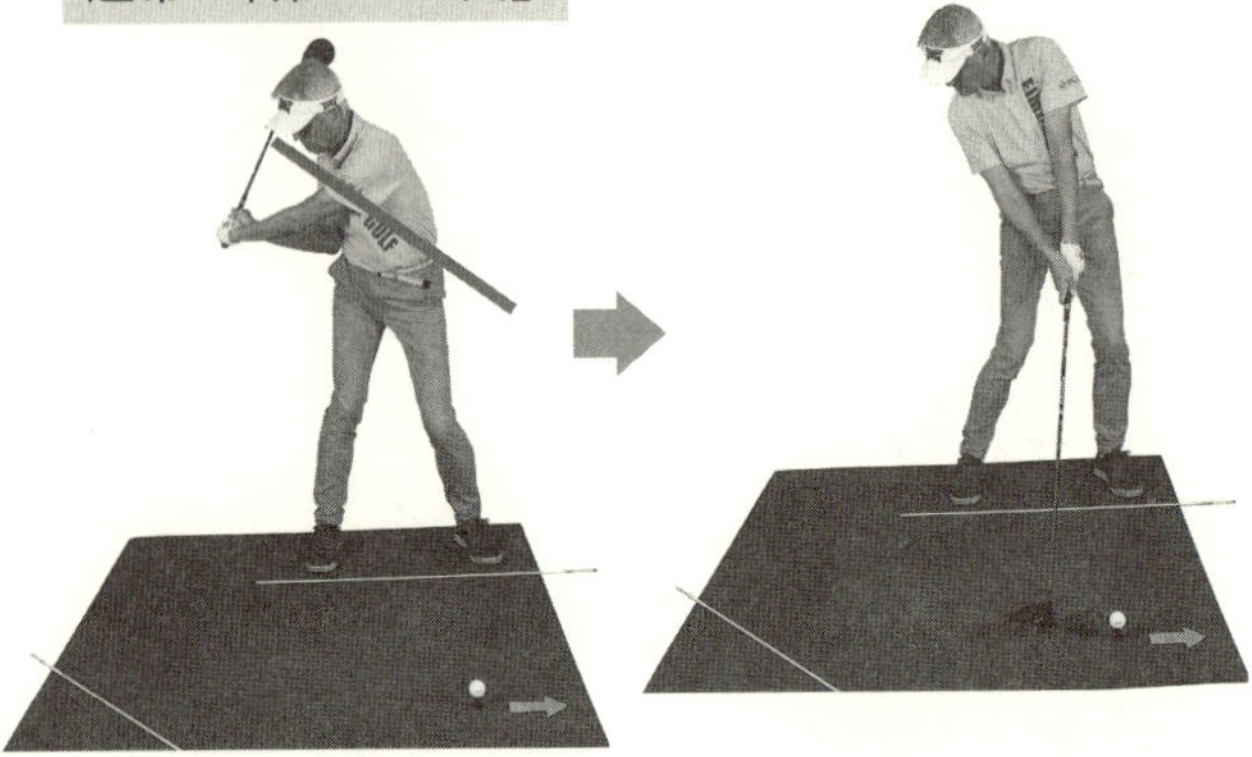

上半身が「第2の正面」に
来たところで振り抜く。

## 左に曲げたくない時の「第2の正面」

「第2の正面」で振り抜く
イメージは同じ。

ややオープンに構えることで、スイ
ングを変えなくてもカット軌道になり、
通常よりアップライトなスイングになる
ため、スライス回転がかかりやすい。
それにより左へは行きにくくなる。

図41　左に曲げたくない時の「第2の正面」

＜通常のスイング＞

＜左に曲げたくない時のスイング＞

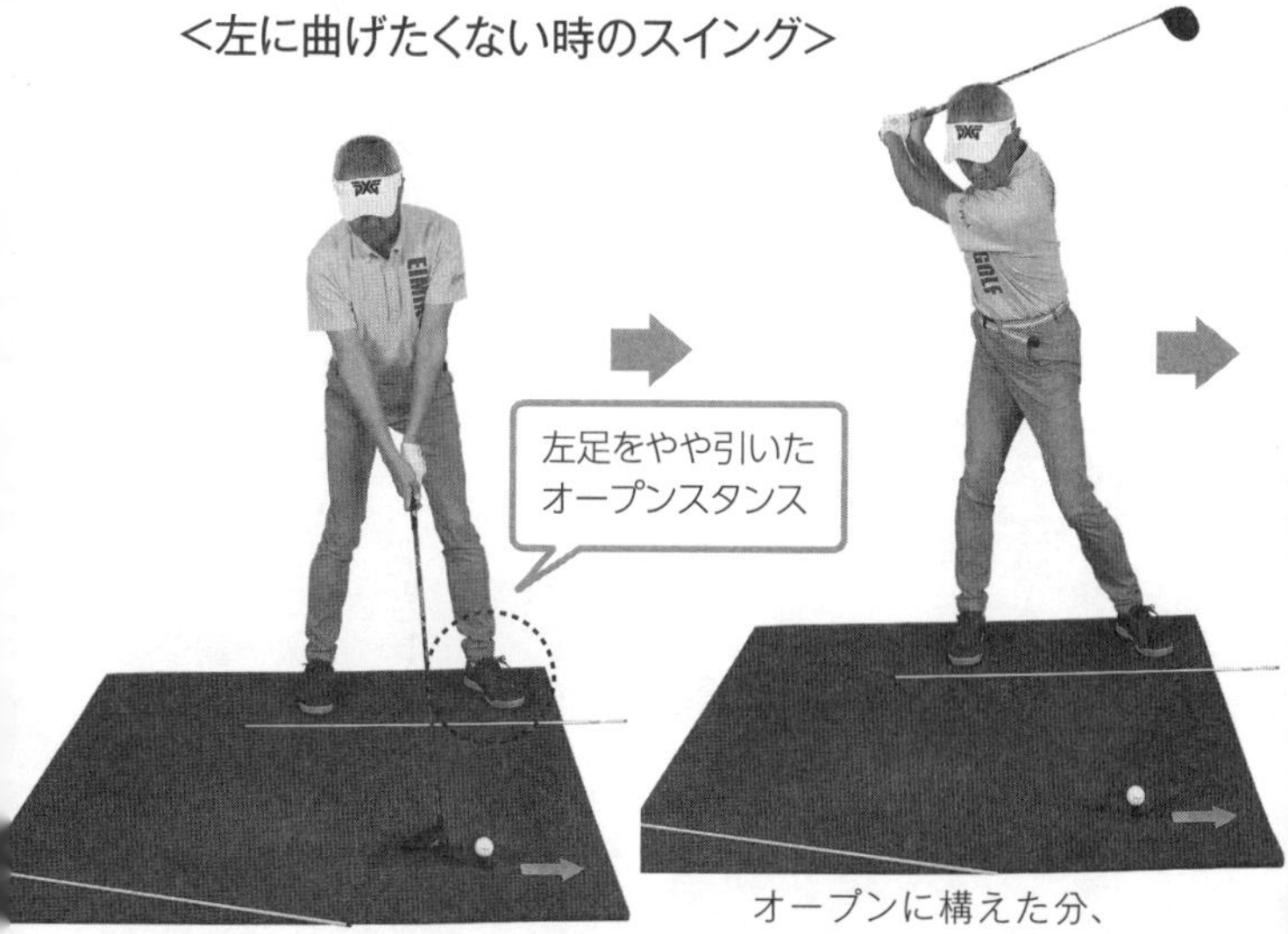


ややオープンに構える。場合に
よってはフェースも開き気味に。
「第2の正面」もやや浅めになる。

オープンに構えた分、
トップもやや浅くなる。

い角度になるため、ドロー回転が弱まり、アップライトな軌道からストレート系やフェード系の球が打ち出されることになります。

あとは、どの程度左に曲げたくないか（ストレートに打ちたいか、フェード気味に打ちたいか）によって、アドレス時のオープンの度合や、フェースの開き具合を調整すればいいのです。

こうすれば、ホールの状況によってその都度スイングを変える必要がありません。また、コース戦略として、ドロー系で攻めたい時、ストレートに狙いたい時、フェード系で右に落としたい時などさまざまな状況に対しても、基本的に1つのスイングで対応できることになります。

## ◎左足上がり

このライでは体重がインパクト後に右足に残りやすく、いつも通りローテーションをしているつもりでも、スイング軸が右足寄りに傾き、フェース面が早く返ってしまいがちです。

斜面全体にいえることですが、無理して番手通りの飛距離を出そうとせず、**1～2番手長いクラブを持って静かに振る**準備をしてください。

そして、斜面が急であれば、最初から左足寄りに体重をかけて（地面ではなく、地球に対して体の軸が垂直になるように）、ローテーションはいつも通り行うといいでしょう。ただし、左足体重になっている分、インパクト以降でヘッドが地面を深く掘ることになるので、グリップがゆるまないように意識しておく必要があります。

それほど急な斜面でない場合は、肩のラインを地面と平行に保って（地面に対して体の軸が垂直になるように）、いつも通り振ってもかまいませんが、スイング中、右足に体重が残ってあおり打ちになりやすいので、**前傾姿勢と第2の正面を強く意識して、体が起きて開かない**ようにします。

そして、地球に垂直にアドレスを取った時も、地面に垂直にアドレスを取った時も、いずれのケースでも**フィニッシュは必ず左足の上に乗り切って終わる**ようにしましょう。体の回転が急激に止まると引っかけた球が出るのと同じように、左足に乗り切らないと極端

前傾姿勢の維持と「第2の正面」によるインサイドアウトの軌道を強く意識。

急斜面であれ、ゆるやかな斜面であれ、フィニッシュは必ず左足上で止めるようにする。

図42　左足上がりでのポイント

**急斜面**＝軸が地球に垂直。初めから左足寄りに体重をかけておく。

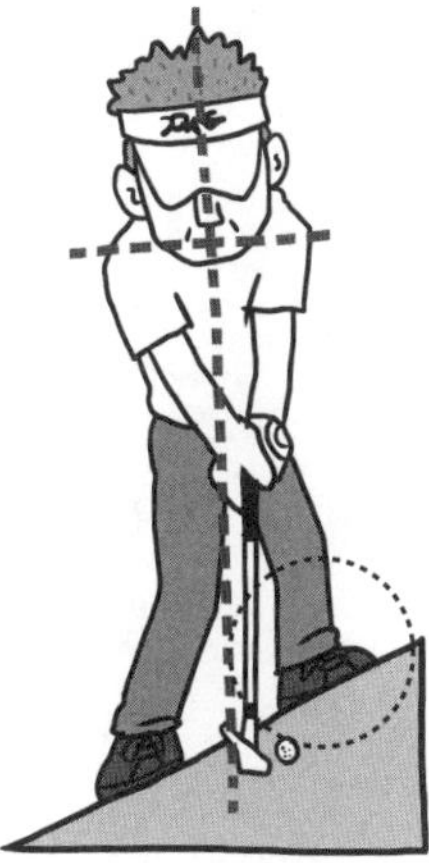

**ゆるやかな斜面**＝軸が地面に垂直。

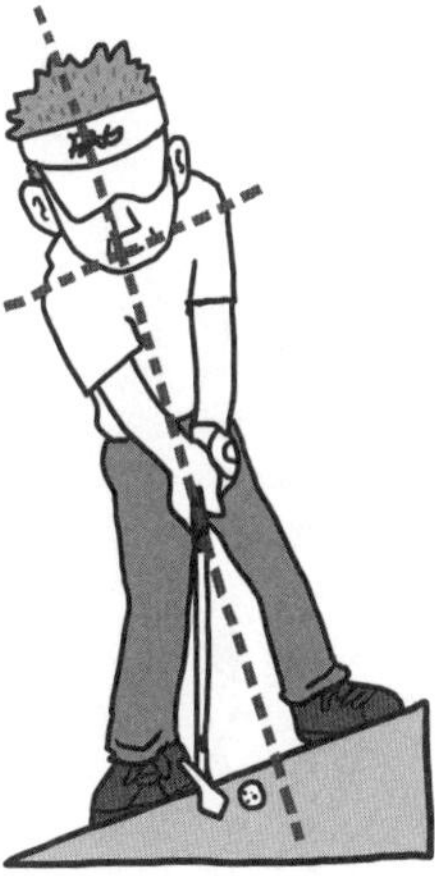

に左に曲がる球になってしまいます。特に地面に対して垂直なアドレスを取った時には注意が必要です。

また、フォローでヘッドが抜けにくいため、**インサイドアウトのヘッド軌道を意識**して、スムーズに振り抜けるようにスイングしましょう。

## ◎左足下がり

一番難しいライだといえるでしょう。プロでもナイスショットが難しい環境です。

静かに振ることはもちろんですが、球は上がりにくいので、その分、キャリーは短くなります。使うクラブの長さに十分なゆとりを持ちましょう。

急斜面でも緩《かん》斜面でも、ハーフスイングくらいがフルショットだと考え、**前後の入れ替えで行う体の回転をコンパクトにして、クラブローテーションの力のみで飛ばすくらいの気持ちでスイング**します。

左足下がりのライで起きるエラーのもっとも大きな要因は、傾斜に負けてスイング中に

図43　左足下がりでのポイント

軸が左にスウェーしてしまうこと。体を動かせば動かすほどスウェーする確率が高くなるので、**左脚の内側でしっかり体を支え、アドレス時の軸を保って、前傾を最後まで維持したハーフスイング**で脱出しましょう。

## ◎つま先上がり

つま先上がりの度合が強ければ強いほど、使用クラブは短くなるはずです。つま先が上がっている時には**クラブを短く持って球に近づき、できるだけ縦振りするように準備**してください。

よくクラブを長く持ったまま球から離れて極端な横振りをしようとする人がいます。クラブヘッドを横に振れば振るほど、インパクトではヘッドが下がるトウダウンという現象が起き、ひどい時には空振りになってしまうことがあるので、つま先上がりのライでは、球に近づいて縦に振る習慣をつけましょう。

また、つま先が上がっているということは、地面が顔に近いので、どうしても体が浮い

## 図44　つま先上がりでのポイント

クラブは短く持つ
球に近づき、クラブを短く持って縦振り。球から離れて横振りすると、インパクト前後でトウダウンして、ひどい時には空振りする。

右足の前をダフるくらいの意識で、勇気を持って。

思い切ってローテーション。

フォローでも前傾キープ。

てトップしやすくなります。クラブを短く持ったのですから地面を恐れずに、**思い切ってローテーションしながら、右足の前をダフるくらいの気持ちでスイング**してみましょう。

コンパクトな体の動きをするのはもちろんのこと、**クラブを短く持って腕のV字の動きをいつもより強く意識した縦振り**をすれば、よくいわれるような「つま先上がりは左に行く」とはならず、ストレートに近い球が打てるはずです。

## ◎つま先下がり

このライはクラブローテーションが一番活躍するライといえます。足元より低いところに球があるわけですから、姿勢も当然低くなり、膝も曲がっています。なので、普段のスイングのように体も回転せず、窮屈なスイングになりがちです。

ですが、クラブローテーションを知っているみなさんは、体の回転が少なくても、腕を使ってローテーションさせることはできるはずです。

いつもの平らなライであれば、腕だけを使ったローテーションでは球が左に行ってしま

図45　つま先下がりでのポイント

膝で高さを調整する。
深く前傾して構えるとスイング中に起き上がりやすくなるので注意。
膝をしっかり曲げてスイング中、前傾角度を変えない。
体が左右に動かず、ローテーションだけで静かにスイング。
腕の力で無理に行おうとせず、ヘッドの慣性を生かしたクラブローテーションを意識。
膝の角度は最後まで変えない。

いますが、つま先下がりではもともとヘッドのトウが下がってアドレスしていて、さらに左にフィニッシュを取るようなスイングができないので、球は右に飛びやすいのです。

ですので、普段では左に行ってしまうような腕のローテーションでも、つま先下がりではそれが有効に作用し、強いつかまった球が打てるのです。

ただし、腕の力で力んでスイングすると、体のバランスが崩れ、球に当たる確率も低くなってしまうので、**膝をしっかり曲げて前傾を維持したまま、左右に動かないように、ローテーションだけで静かにスイング**することを忘れないようにしましょう。

## ◎アプローチショット

グリーン周りでは特にフェース面を真っすぐ出して、球を目標へ飛ばそうとしている人を多く見かけます。

それが必ずしも間違っているとはいえませんが、フェース面を必要以上にキープしてスイングすると、シャンクやトップのミスの可能性がぐっと高くなります。

図46　アプローチショットのポイント

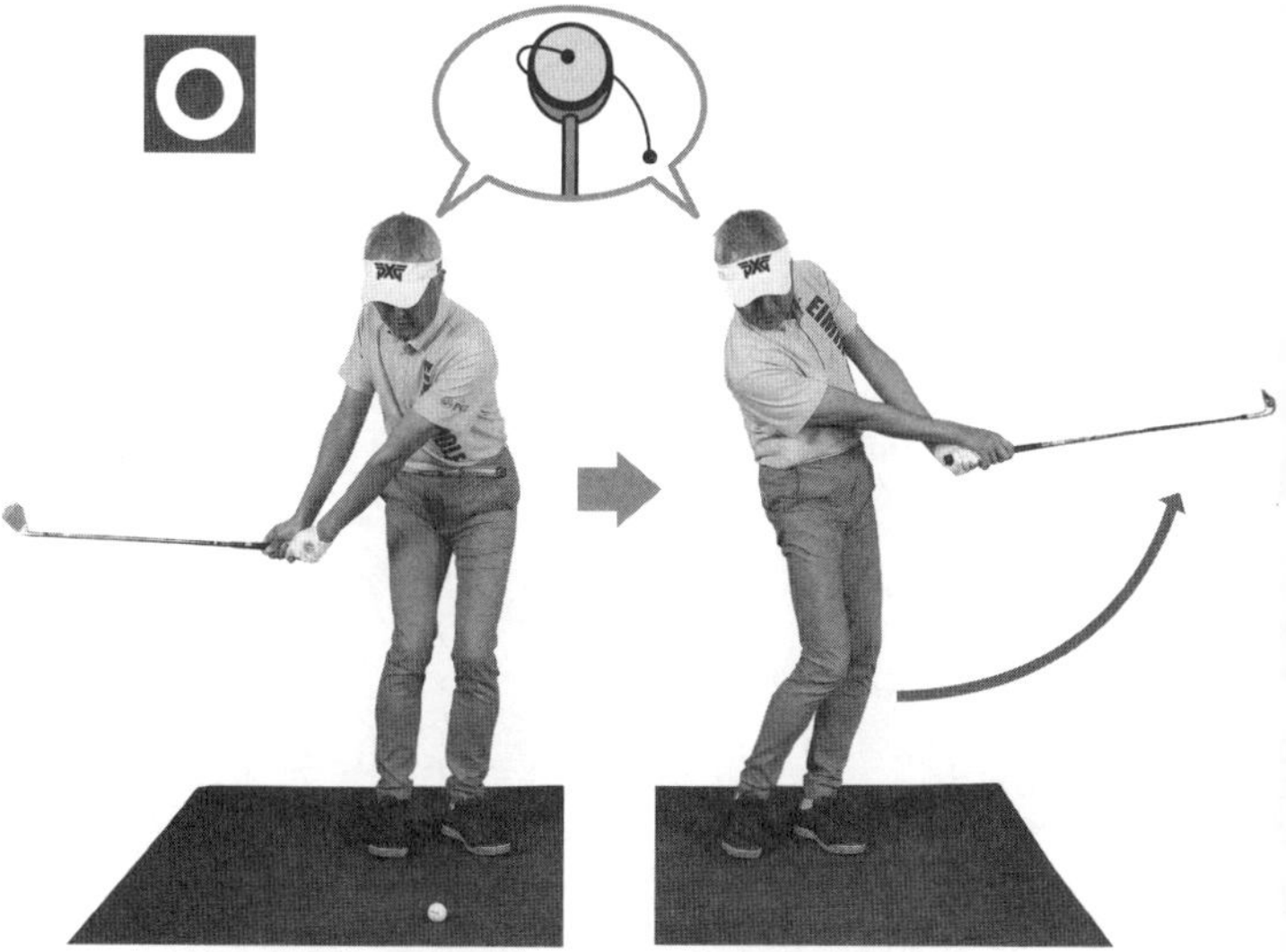

やさしくでんでん太鼓を回すイメージ。
肩の横回転とヘッドの横の動きをリンクさせる。

フェース面を無理にキープして真っすぐ出す
のはNG。脇があいてシャンクになる。

アプローチでもクラブローテーションは使っています。というより、クラブローテーションの力しか使っていないといってもいいかもしれません。**アプローチで多用されるピッチエンドランショットは、クラブローテーションが作り出している**のです。

繰り返しになりますが、球の打ち出し方向を決めるのはフェース面の向きではなく、ヘッドの軌道です。インパクトのフェース面をキープするより、ヘッドの重さが作る振り子の力を球に伝える意識を持ってください。

その時のクラブの動きは、スイングを上から見ているとイメージすると、**体の前で扇の形を描くように横に振っています**。すくい上げようとして縦になったりしないよう、常に体の回転とリンクした横の動きを意識してください。

ダウンスイングでクラブローテーションが始まれば、自然にヘッドが自らの力で球に向かっていきます。人間がやるのはヘッドが球に到達するまで待つことだけです。

もし、その際、球の飛び出し方向が悪いのであれば、アドレス時のフェース面が閉じたり開いたりしていないか、肩の向きが飛球線と平行に構えられているか、上体が突っ込んだダウンスイングになっていないか、などを確かめてみましょう。私のレッスン経験上、その中のどれかに原因があることがほとんどです。

クラブローテーションによる、ヘッドの重さが作る振り子でできた力を球に伝えられることで初めて、スイングの振り幅で距離をコントロールできるようになるのです。

## ◎バンカーショット

多くの人が苦手としているバンカーショットですが、距離のあるバンカーショットではサンドウェッジを使う使わないにかかわらず、それほどスイングを変える必要はないでしょう。

30ヤード以上のショットをする時は、いつも通りダウンスイングでクラブローテーションを開始し、いつもより少しだけ手首の解放を早めにすることで、球の手前を打つエクスプロージョンショットになります。

その手首の解放の度合は練習で見つけるしかありませんが、アドレスで少しクラブを開いて構えると手前を打ちやすくなります。また、アゴが高い時にも開いて構えたほうが安

アゴの高いバンカーでは、アドレス時のクラブの開きで調整。

バンカー練習ができる練習場では、砂を富士山に見立てて盛り上げて、雪を横から削り取るイメージでショット練習をするといい。

図47　バンカーショットのポイント

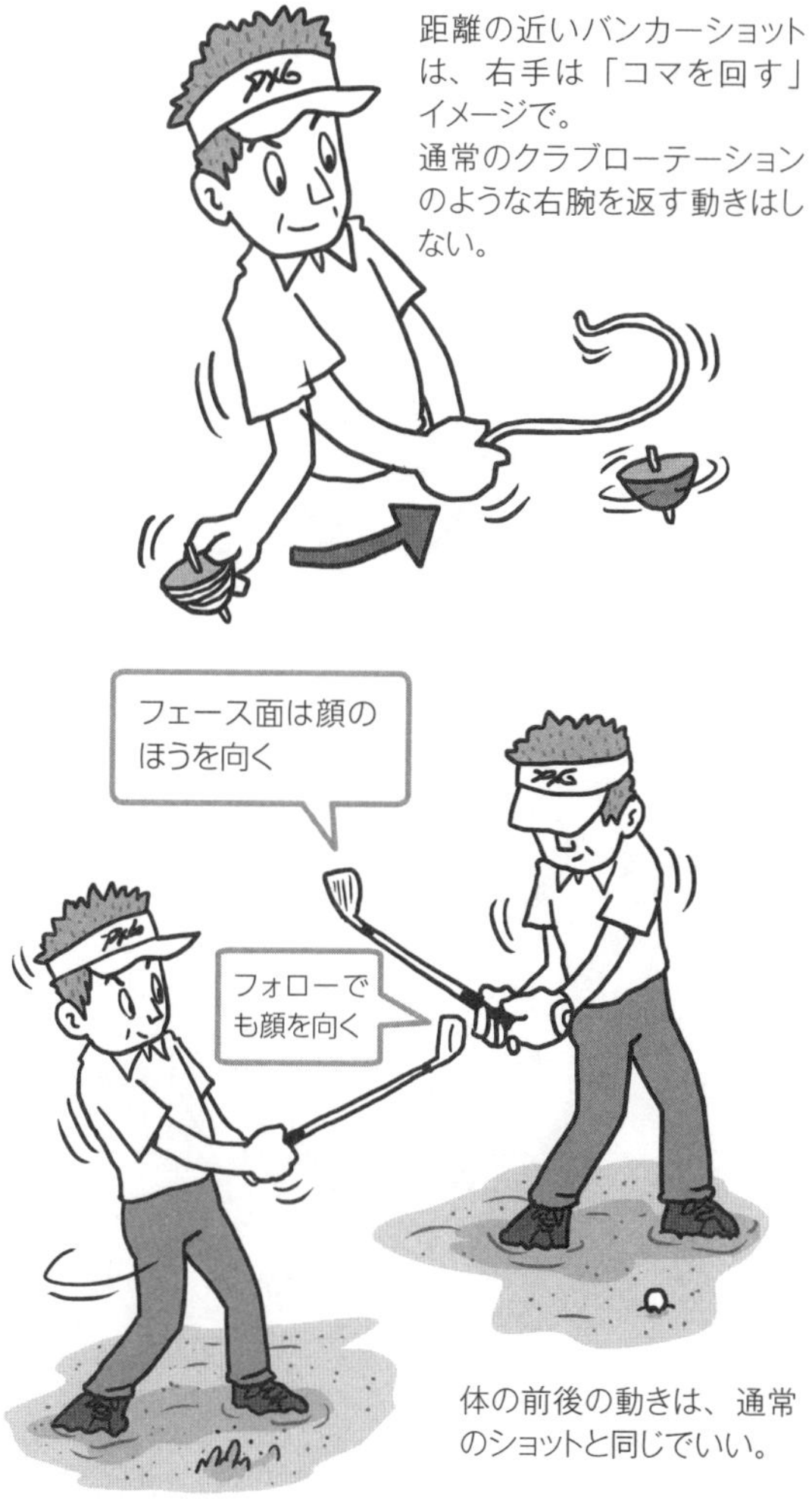
距離の近いバンカーショットは、右手は「コマを回す」イメージで。
通常のクラブローテーションのような右腕を返す動きはしない。
フェース面は顔のほうを向く
フォローでも顔を向く
体の前後の動きは、通常のショットと同じでいい。

入射角はゆるやかでも、上から打っていることが重要。ミサイルの着弾ではなく、旅客機の着陸の角度でOK。横振りでも２～3㎝手前にバウンスが着陸すればいい。

全だといえるでしょう。

**開いて構える時には、グリップをいつもの位置から右に回転させてから、あらためて握り直しましょう**。いつものように握ってからグリップごとクラブを開いたのでは、フェース面を開いたインパクトにはなりません。

距離の近いバンカーショットの場合は、フェース面をしっかりと開いたアドレスをして、球を遠くに飛ばさずに、高さを出して止める打ち方をしなければなりません。

距離感が近いバンカーショットのコツは、**ダウンスイングからインパクトにかけて、コマを回す時の右手の使い方をする**ことです。男性であれば小さい頃に誰もがコマ回しをした経験があると思います。あの時の要領で、右手首でスナップを利かせるようにショットするのです。すると、フェース面が常に顔のほうを向いた、フェースが開いたままのスイングができるようになります。

飛ばしたくない状況ですから、速く振る必要はありません。インパクトでヘッドが止まりさえしなければ必ずバンカーから脱出できます。

また、どんな環境のバンカーショットであっても、必ず体の動きを使ってスイングします。

腕や手首のコックが強調されやすい環境ですが、体の前後の動きは、普通のショットと同じように使わなければなりません。そこで、体をしっかり安定させるために、砂に足を埋め込むようなセットアップをするのです。

アプローチに比べて砂の抵抗で飛距離が出ないショットです。勇気を持って体を使いながらクラブを振り抜いてみましょう。

近いバンカーも遠いバンカーも、バンカーショットは特に練習が必要です。練習場で低いゴムティーを使って下をくぐらせるように球を打つショットを練習してみましょう。

また、バンカーがある練習場では、砂で10㎝程度の富士山を作ってボールを頂上に乗せ、富士山の雪の部分を横から削るイメージでショット練習すると、バンカーショットがうまくなります。少しずつ距離感もつかめていくはずです。

## ▼ミスショットが出る時のチェックポイント

多くのミスの原因は体の動きであったり、スイング軌道のズレであったりして、特定するのは簡単なことではありません。スライスもフックもダフリもトップも、ミスはすべていくつかの原因が重なって出るものです。

しかし、次の項目をチェックするうちに改善の糸口が見えてくるはずです。アドレスから順を追ってチェックしましょう。

□アドレスではアイアンの場合、ハンドファーストに構えられていますか？
□バックスイングの始動時、フェース面は球を見ながら動いていますか？
□バックスイングで右肘は下を向いていますか？
□体は前後の動きで回転し、右足に70%ほど加重したトップになっていますか？
□トップでは右手首が折れ、右手人さし指の付け根でクラブの重さを感じられていますか？

□ダウンスイングではシャフトが背骨に垂直に回転しているように感じられていますか？
□「第2の正面」は作れていますか？
□ダウンスイングでいきなり左足に加重していませんか？　インパクト直前までは右脚の内ももに重心があります。
□グリップを球に近づけようとしていませんか？　左脇があいてしまいます。
□インパクト前後では、フェース面の向きを気にせず思い切ってクラブローテーションをしていますか？
□フォローでシャフトが立つあたりでは、ヘッドのソールが上になって、フェース面と右手のひらが目標方向に向いていますか？
□インパクト以降、トップでの左肩の位置を右肩が通過しましたか？
□球に当てに行かず、振り抜くことを考えてスイングできましたか？

たくさんの注意点がありますが、1つひとつチェックしていきましょう。わからない場合は、もう一度本文を読み返してみましょう。

# おわりに

アマチュアゴルファーとプロゴルファーのスイングにおいて、最大の差はこの「第2の正面」と「クラブローテーション」だといえるでしょう。

アマチュアの人たちは、真っすぐ飛ばすことを意識するあまり、第2の正面で振り切れずにローテーションが止まり、ヘッドスピードが上がらずに飛距離が出ないので、無理に飛ばそうとして力んだスイングをしてしまいがちです。するとよけいに腕や体の動きは制限され、クラブを速く振ることは到底できない状態になってしまいます。

飛距離を伸ばすには、球を強く叩くのではなく、クラブを速く振ることです。

そのためには、体が作る遠心力を最大限にヘッドに伝えることで、重心距離のある道具をうまく回転させて加速させることが、一番効率のいい振り方なのです。

プロのスイングを見ると、特にダウンスイングでは力の入った表情をしていますね。それは、**最速で振られたヘッドの力に負けないよう、第2の正面で軸や前傾を保つために体**

**幹を使ってがんばっている表情であって、強く叩くために腕に力を入れて力んでいる表情ではない**のです。

また、現在は道具の進化も目覚ましく、長い棒（クラブ）を正しい構えで効率よく振れさえすれば、面を意識せずとも球を目標へ飛ばしてくれるクラブが作られています。そして、自分に合ったクラブを見つけるためのフィッティング制度も充実してきています。

「第2の正面」と「クラブローテーション」を覚えることで、みなさんがクラブと仲良しになり、クラブを信じて「振る」ことを目指せるようにお伝えしてきました。

突き詰めるほどに余分な動作が取れて、スイングはシンプルになっていくものです。近い将来、みなさんが、「なんだ、こんな簡単なことだったのか！」といえるような日が来ることを願ってやみません。

上田栄民

# 人生の活動源として

いま要求される新しい気運は、最も現実的な生々しい時代に吐息する大衆の活力と活動源である。

文明はすべてを合理化し、自主的精神はますます衰退に瀕し、自由は奪われようとしている今日、プレイブックスに課せられた役割と必要は広く新鮮な願いとなろう。

いわゆる知識人にもとめる書物は数多く窺うまでもない。

本刊行は、在来の観念類型を打破し、謂わば現代生活の機能に即する潤滑油として、逞しい生命を吹込もうとするものである。

われわれの現状は、埃りと騒音に紛れ、雑踏に苛まれ、あくせく追われる仕事に、日々の不安は健全な精神生活を妨げる圧迫感となり、まさに現実はストレス症状を呈している。

プレイブックスは、それらすべてのうっ積を吹きとばし、自由闊達な活動力を培養し、勇気と自信を生みだす最も楽しいシリーズたらんことを、われわれは鋭意貫かんとするものである。

―創始者のことば―　小澤和一

著者紹介

上田栄民〈うえだ　えいみん〉

日本プロゴルフ協会ティーチングプロA級。都内および神奈川県内で7か所のスクールを運営するエイミンゴルフアカデミー代表。

1964年東京都出身。大学卒業後、商社へ就職するが、幼少より父親とともに親しんできたゴルフへの情熱が断ちがたく、富士ロイヤルカントリークラブの研修生を経て日本プロゴルフ協会会員資格を取得。2001年にはエイミンゴルフアカデミーを立ち上げて、アマチュアゴルファーへのレッスン活動をスタート。延べ2万人以上に行ってきたレッスンの実績をもとに、アマチュアゴルファーが本当に求めているスイングの「答え」を的確に伝えるレッスンを行っている。「2019 PGAティーチングプロアワード」最優秀賞を受賞した、№1ティーチングプロ。


ゴルフは
「第《だい》2の正面《しょうめん》」でもっと飛《と》ぶ！

青春新書 PLAYBOOKS

2019年7月1日　第1刷

著　者　上《うえ》田《だ》栄《えい》民《みん》

発行者　小澤源太郎

責任編集　株式会社プライム涌光

電話　編集部　03(3203)2850

発行所　東京都新宿区若松町12番1号 〒162-0056　株式会社青春出版社

電話　営業部　03(3207)1916　振替番号　00190-7-98602

印刷・図書印刷　製本・フォーネット社

ISBN978-4-413-21139-0